G

用数智化体验管理打造超级生产力

张 弘 著

上海三联书店

推荐序一
从零到壹

　　与张弘先生的渊源始于 2014 年,当时我加入平安集团负责集团客户体验工作。现在回想起来,那个时候很少有人知道 NPS 是什么,而且对于当时的我来说,客户体验也是一个全新的领域。初来乍到,马总(平安集团董事长兼 CEO 马明哲先生)抛给我第一个课题就是梳理集团客户体验的全景图,集团与个人客户、用户相关的二十几家公司,到底哪些公司对于集团的综合体验贡献最大;客户与集团的这么多线上线下接触渠道,到底哪些渠道最需要改善。于是就有了我和张弘先生的第一次合作,三个月内完成了对集团下属二十几家公司、几百个接触渠道,采用二十多套问卷、线上线下多种形式并行,共三万多名客户、用户的调研。在最后的汇报中,马总讲了三次"perfect"!

　　在这之后的四年时间,一直到我 2018 年因为岗位调动不再负责客户体验管理工作,我们进行了多次的合作,也一起将NPS这个舶来的概念真正做到在中国金融行业的土壤里落地开花结果,也有了后来一起编写中国金融行业第一本NPS白皮书《2016中国金融行业用户体验及NPS白皮书》,一起提出了"七力"理论,一起致力于与体验相关的系统产品研究。

客户体验这个概念现在被越来越多的行业提到,NPS指数也被越来越多的企业作为KPI来衡量。2014年以来,我一直有机会和许多从事客户体验或对客户体验有兴趣的人进行交流与讨论,也发现仍然有很多人对客户体验的本质存在一些理解误区。其实这些误区,我们当年也一起经历过。

在白皮书里,我们第一次提出:体验是交互过程中的感受,这个概念的提出把过去传统认知上的"满意"的概念更扩大了,好的感受可以是满意、可以是惊喜、可以是感动,也可以是信赖。客户体验管理本质上是维持新鲜感,建立信赖感,提供愉悦感,制造惊喜感。通俗一点的比喻就好比是爱情——激发心动的感觉,维持愉悦的体验,驱动沉浸在爱情中的人不断创造生理及心理上的满足感(投资)继而获得另一方的满足与忠诚。而金融行业的长期产品与服务特征更加是恋爱加上长期婚姻的用心经营。

体验不仅是服务,它是一项360°工程。就如同婚姻不仅是生活照顾,还有共同话题,共情心理,吸引力的保持。我加入平安的时候,领导跟我说的原话是:"你长期在咨询行业从事运营及流程改善的工作,客户体验就是改善运营流程……"后来在对客户之声做了更多深入研究后发现,原来不仅仅是服务影响体验,你的品牌形象、营销策略、产品设计(功能性、多样性、完整性、信息易获得性)、价格优势都会影响体验,甚至超过服务对体验的影响度。于是,我们在2016年底提出了"七力"理论,也进一步发现不同客群在不同场景下受"七力"的影响各不相同,例如,一、二线城市的产险客户会更关注价格,三、四线城市的客户会看重品牌;而信用卡客户,其开卡及将一张卡作为长期使用的主卡的驱动因素也是完全不一样的。

体验不是一个调研数字,它是业务驱动的生产力。NPS并非只是一个单纯的推荐者比例减去贬损者比例的值,它的研究意义更加在于从分析中发现什么是客户的购买驱动力,什么是可以长期维持高价值客户忠诚度的因素。这些发现需要通过客户研究而得出,以结果为导向。

除了上述这些理解和感悟,还有更多我没有篇幅去说明的感悟,在这本书里都用深入浅出的语言和案例给出了阐述。

最后的最后,想再次表达我对张弘先生的欣赏与感动。方法论研究这条道路,其实是艰难与孤独的。它需要在庞大的细节的海洋中始终保持清醒,而且要勇于不断地挑战自我和现实中的各种局限性,去定期沉淀信息,整理框架,不断推翻,不断重建,才能最终获得一个可以普适及落地的方法论。我记得当时集团下属多家公司每半年都等着我们的研究报告,然后决定后面半年的重点项目。当提出"七力"理论的时候,日本一家长期从事客户体验咨询的公司董事长亲自从日本来上海和我交流,感谢"七力"理论终于解答了他长期以来的一些疑惑。这一切都给予了当时"孤独"的我很多感动。

所以,今天也想借这个序表达对张弘先生及这本书的感激。

徐佳盈

平安集团消费者权益保护部总经理、原客户体验部总经理

推荐序二
七年之后的再回首

认识张弘先生,始于 2013 年的 8 月。我当时作为罗兰贝格的项目总监,刚刚赢得了平安集团客户体验项目。这应该是中国金融行业第一个客户体验项目,而客户体验这个词,也正在 2013 年初开始传入中国,并得到关注。

什么是客户体验?为什么重要?如何测量客户体验?如何提升客户体验?NPS 准确吗?在倾听客户之声(VOC)的过程中,怎么设计定性调研和定量调研?怎么设计客户接触地图并形成触点热图?每个客户的体验诉求都一样吗?普世价值的诉求都有哪些类?成百上千个触点,哪些是最重要的?怎么做关键时刻(MOT)分析?测量并分析以后,如何进行根原因分析,并且指导企业前中后台进行客户体验的提升,并形成具体举措?如何建立组织、系统、流程对客户体验的常态化闭环管理?

回想起当年，面对一个全新的课题，从一无所知，到拿到关于客户体验的十几页方法论的PPT，到与罗兰贝格的三个顾问一起沙盘推演了两周形成120页的项目建议书，到跟当时在TNS担任金融研究部总监的张弘兄密集讨论如何做市场调研，如何优化NPS设计，如何组织Focus Group，如何设计调研问卷及做分析，到从0到1成功交付……

一幕幕的往事在脑海中如电影般呈现出来。作为战略咨询公司的合作伙伴，张弘兄浸淫在金融行业市场调研十几年，少年白发，儒雅的气质，深邃的洞见，严谨的方案，一举征服了我们团队，帮助我们把一个听起来非常主观、感情色彩很重的客户体验，在平安寿险和信用卡两个试点公司扎扎实实地落地了。

坐在联洋广场的星巴克，手里翻看着张弘兄新著《超级体验》的书稿，看到一些细节，不时会心一笑。书中的很多共识，是我们一起在项目中、在实践中一点点达成的。现在看起来顺理成章的道理却是当年项目组不断烧脑、反复推敲和验证形成的结论。

尤其让我肃然起敬的是，张弘兄在客户体验这个领域深耕了这么久，成果斐然。这不仅仅体现在后续在金融行业执行了很多成功项目，更重要的是不断深化认知，并且设计开发了客户体验实时管理系统，把我们当时只是落在PPT上的想法一点点落在了实践中。更让我佩服不已的是，他辞去TNS的工作，亲手创建了一家专注在客户体验管理领域的咨询服务和技术实施公司，真正做到了王阳明先生讲的"知行合一"。

七年弹指一挥间，张弘兄将自己对客户体验的热爱、专注、执著和探索，都完整地、深入地体现在了这本书里。作为这本书的读者，我收获了惊喜不断，而"尿点"全无的阅读体验。

最后，一个小小的问题一直萦绕在我脑海里，为什么是2013

年,客户体验才开始进入到学界和业界的视野,并且热度持续不断? 个人的观点,正是在技术驱动的大背景下,智能手机于 2013 年在民众中进一步普及,将电商、金融、娱乐、出行等场景应用碎片化、个性化、智能化地推送到大众面前,客户体验变得"随时、随地、随人、随需",触手可及。

客户体验是个工具,是个抓手,是个杠杆,撬动的是整个社会对于人性的尊重,对于美好的追求。体现在金融行业,带来的不仅仅是客户触达的线上化,客户交互的人性化,还有客户需求的丰富化,产品设计的灵活化。借助大数据和人工智能等技术,借助企业前中后台的整合和变革,做到"知你更多,因你而变",一个真正以客户为中心的组织才能建立起来。因为有了客户体验,金融变得更普惠,变得更有温度。

我很有幸跟张弘兄一起并肩战斗过,曾经在大的时代背景下,在客户体验的咨询服务和宣传推广方面,做了一些有益的探索,撒下了一些火苗,播下了一些种子。

七年以后的再回首,更体会到张弘兄在客户体验领域的这种坚持、深化和升华,把一件事情做深做透,做到极致,真的可谓难能可贵,人生无憾。

最后也借此序,再次感谢罗兰贝格项目组的同事们,他们是我在咨询公司见过的最好团队:常江、唐正旻、吕雯晶、邱琰、傅其峻、倪丹成、谢晓添、伍博深、彭洁。

张宏伟

罗兰贝格前项目总监

推荐序三
品牌是体验的凝结

张弘兄大作《超级体验：用数智化体验管理打造超级生产力》付梓之际，嘱我作序，有幸得到本书先睹为快的良机。

我长期从事金融业的品牌研究，因此与张弘兄结缘。体验是我们共同的关注点，唯他是从客户体验出发，我是从品牌体验出发。大有徒步登山时，不期而遇之感，各自描述过沿途所见的风光后，更觉得此行不虚。

张弘兄与他创办的观山科技长期专注于客户体验管理，在新技术乱花渐欲迷人眼的当下，可以说是抓住了更为关键的根问题。在我看来，品牌的本质是主观认知与感受，来自日常的种种体验，因此品牌是体验的凝结。所有的技术进步与应用都是为了提升客户的体验。长期以来有一种误区，认为品牌仅是一种传播行为，没有意识到体验是根本的驱动力。广义的品牌体验包括了对产品或服务的识别、选择、购买和使用的全过程,传播仅是其中的一个环节。

如此说来,我们可以形成一种比较简单的公式:品牌资产＝好感－恶感。这么看,服务业的品牌体验确实难做,比如读者诸君入住过的酒店中让您感到无可挑剔的能有几家?而金融服务更是难上加难,除了服务流程长、环节多等因素之外,更有多种制度性或专业性的约束与限制,其客户体验可借用曾国藩的诗句来说,真是"左列钟铭右谤书,体验随处有乘除",非加以精细化的管理无以完成,而数智化客户体验管理为这种需求提供了可能。

在数智化背景下,客户体验管理变得更加高效与敏感,理论上讲可以为客户提供无微不至的关心,但也要保持适可而止的距离,若过度殷勤成探看,恐怕便会蓬山此去无多路。因为服务是人性化的,数智化终究要服务于人。人性化,通俗地讲是要把人当作人来看待,体验的真谛在于同理心与换位思考。而良好的服务体验必定有深刻的人文关怀与文化根基。现实生活中,透视美好的服务体验,不难探知其背后蕴含着平等友善的大小社会关系。科技与人文的交融将带来更加美好的客户体验,凝结成更具魅力的超级品牌。

这本书源自张弘兄及其团队近年的咨询实践,是他帮助客户有效提升服务水平与经营业绩之余的另一贡献。书的篇幅不算大,但信息量足且兼具操作性与启发性,值得细读细品。例如谈到用户体验与客户体验之时,作者说"我始终认为,我只是华为的用户,而不是华为的客户——我只和他们的产品有关系,和他们这家公司没有关系"。真让人茅塞顿开!书中更多的精彩留待读者发掘,在此我就不再一一剧透了。

是为推荐序。

王晓乐 教授、博士
中央财经大学金融品牌研究所所长

自　序

这本书前前后后准备了整整一年。

2006 年,我还在当时全球最大的专项市场研究公司担任业务拓展与研究总监,我的领导兼好朋友周波先生委派我为公司寻找新的业务方向。经过几个月的调查研究,我最后向他建议了金融服务业。时逢中国即将加入 WTO,金融行业面临开放,原来从不关心客户,更遑论客户服务和客户体验的中国金融机构纷纷开始关注这些话题,以期严防死守,避免客户被潮水般涌入的外资银行和保险公司轻易抢去。反映到市场研究上,则几乎是在一夜之间,大大小小的银行都开始了以服务质量检查为主的"神秘访客"(Mystery Shopper)项目和以客户满意度测量为主的"客户之声"(VOC)项目。

这是我第一次接触到与客户体验管理相关的课题。在此之前,传统的研究公司更多地服务于以宝洁和联合利华为代表的快消行业并形成了各种成熟的解决方案,从消费者需求研究到产品创新再到品牌宣传,但服务业,尤其是金融服务业则极少涉猎。

自加入世界贸易组织,中国金融服务业从最初级的"神秘访客"开始,一路向前,逐渐发展出了深具中国特色和行业特色的客户体验管理之路。尤其随着近几年社会发展的高速数字化和智能化,中国市场表现出前所未有的特征——不仅中国历史上不曾有过,即使曾经一直让我们亦步亦趋的欧美市场也不曾有过——庞大的互联网人口,仅仅是千禧一代就超过 4 亿,微信月活用户超过 11 亿,淘宝天猫用户达到 6.5 亿,拼多多的崛起则进一步带动了中小城市和乡镇的消费行为数字化。同时,得益于互联网,尤其是移动互联网的普及和庞大的人口基数,基于大数据的人工智能应用技术在中国取得了迅猛发展。如果说 20 年前我们是"中国仿造"——跟在欧美发达国家后面亦步亦趋地模仿,甚至是"山寨",10 年前我们是"中国制造"——在很多领域我们与欧美国家并驾齐驱、平分秋色,或者各有优势,那么现在我们则不折不扣地开始了"中国创造"——在很多领域我们已经没有了模仿对象和参照对象,我们突然发现自己已经处于领跑位置,再也找不到所谓的"国外标杆""最佳实践"了。

客户体验管理领域就属于这种情况。2001 年"入世",中国的金融行业率先开始学习西方的先进做法,例如中国建设银行从美国银行引进专门的顾问团队,全面照搬当时美国银行的 VOC 和六西格玛体系,交通银行则和汇丰银行进行合作。一时间在这些典型国企的银行里充满了来自世界各国的"洋"顾问,各种和客户体验管理有关的新概念新思想冲击着中国传统银行。

金融行业成为客户体验管理领域第一个吃螃蟹的人。随着中国社会的发展,客户体验管理、客户关系管理等概念几乎逐渐扩散到所有行业。几个月前,我让同事用爬虫技术在网上搜索了8000个与客户关系管理、客户运营、客户服务、客户体验有关的岗位,发现这些岗位几乎分布在所有行业,从金融到电商、从制造业到服务业、从大企业到中小企业……其中80%的岗位描述都明确提到这个岗位需要负责执行客户体验调研。

这种扩散并不是简单的数量增加,还有形式和手段上的巨大改变和创新。回到金融行业,当整个行业的运营模式越来越数字化和智能化,传统的基于线下纸笔模式的满意度调研越来越不能满足要求。金融机构希望客户体验管理不再是游离于生产之外的孤立事件,而是切实提高经营效益的生产手段。客户体验管理不能再像以前那样,仅仅扮演一个体检医生或者化验科的角色,更需要和整个公司的经营战略、品牌战略、产品战略、渠道战略融为一体,成为生产活动的有机组成部分,最终实现提高企业效益的目的。

中国企业开启了全新的实践,数字化和智能化成为体验管理新的主旋律,但遗憾的是相关的理论建设却始终落后于实践。自2002年第一次引进由约瑟夫·派恩(Joseph Pine)和詹姆斯·吉尔摩(James H. Gilmore)所著的《体验经济》(*The Experience Economy*)一书以来,在过去近20年的时间里,关于在新形势下结合中国国情如何进行更为有效的客户体验管理,还没有出现相应的具有系统性和前瞻性的理论总结。

有感于此,我勉为其难,把自己这些年来从事体验管理研究咨询的粗浅经验总结出来,与大家分享。我不是学术专家,并没有受过最好的理论训练,在业界,经验比我丰富、能力比我强的同行和朋友也大有人在,因此这本书——如果能称之为书的话,其实更是抛砖引玉。如能稍稍激起大家对这个话题的兴趣,给各位一丁点儿的有益启发,就已心满意足了。

另外,由于过去十几年我的经验主要集中在金融行业,因此我的观察与思考也多来源于此,书中所举实例也多和金融行业相关,因此必然存在一定的局限性和片面性。但愿他山之石,可以攻玉,希望这些经验和故事对其他行业的朋友也能有所帮助。

最后,感谢我的家人。我的母亲得知我要写书,专门叮嘱我一定要写一本对社会有用的书,不要浪费社会资源。而过去几个月,我太太则承担了几乎所有家务,照顾我的饮食起居,以便我能专心码字。作为原贝塔斯曼亚洲出版公司的资深编辑,她也亲自帮我审稿、校对,展现了极高的专业水平,令我深感钦佩。同时也要感谢我的同事陈巍、邱娟、占向东、李敏、陈珊雯、王梦丹、施文、张武能、黄超、任健飞、单秋果、郑勇、林志恒、陈小青,他们为我提供了许多素材和经验。另外,如果没有吕婧女士的鼓励,甚至是压力,我恐怕永远不会有勇气逼迫自己花费几个月时间来动笔完成这本书。也感谢罗兰贝格的咨询项目前总监张宏伟先生、中国建设银行信用卡中心原客服处处长王瑛琦女士和平安集团原客户体验部总经理徐佳盈女士,与他们的合作使我有机会窥见顶尖公司的最佳做法。与平安联合发布、由徐佳盈女士和我分别担任主编与副主编的《2016 中国金融行业用户体验及 NPS 白皮书》也为今天这本书打下了良好的基础。另外,我也要感谢马欣先生、晋波先生、周燕芳女士、冷海鹰女士、衣娜女士、夏丽娟女士、朱冬梅女士、范思嘉先生、任中杰先生、王连明先生、陈晓晖先生、董燕女士、朱克强先生、姜勇先生、李颖女士、方游先生、林怀黎先生、郭晖先生、刘胜强先生、张少科先生、王晓乐先生、王昊先生等等。过去几年,他们不断推动我深入思考并给予我启发,才使我对客户体验管理有了越来越多的新认识。当然,也感谢他们给予我的信任与友情!

其实,要感谢的人还有很多很多,限于篇幅,就不再一一列举了。

最后的最后,愿这本小书能带给大家一点点启发。也欢迎大家来信交流:hongzhang661@hotmail.com。

目　录

第一章

体验到底是什么？

关于"体验"的定义，概而论之，可以划分为三个不同的阶段——在 1.0 时代，体验就是"一切美好的感官刺激"。在 2.0 时代，业界逐渐认识到其实体验不仅仅包括美好的一面，也有不美好的一面。对于体验管理，最大的突破是认识到体验管理其实是一个 360°工程。到了 3.0 时代，关于体验的认识则逐渐上升到了企业责任的层面。

但体验本身并不是一成不变的东西。在不同的时代，关于美好体验，人们有着不同的期待和要求。这就要求每个人、每个企业都不断推陈出新，时时创造全新的体验，推动社会的进步与发展。

第一节　体验简史

既然要探讨体验管理，那么首先需要弄清楚体验到底是什么？这是一个仁者见仁智者见智的问题。关于体验到底是什么，业界其实经过了三个不同的认识阶段。

一、1.0 时代：美好的感官刺激就是一切

在 2002 年出版，曾经风靡一时，现在也仍有强大影响的《体验经济》一书中，作者约瑟夫·派恩和詹姆斯·吉尔摩是如此定义"体验"的：

无论什么时候,一旦一个公司有意识地以服务作为舞台,以商品作为道具来使消费者融入其中,这种刚被命名的新的产出——"体验"就出现了……体验事实上是当一个人达到情绪、体力、智力甚至是精神的某一特定水平时,他意识中所产生的美好感觉。

在这个定义中,"体验"就是意识中所产生的美好感觉。

二、2.0 时代:体验有好有坏,体验管理是 360°工程

事实上,体验并不仅仅只有美好的感觉。在更多的时候,我们会发现恶劣的感觉其实是一种更为强烈的体验,比如和配偶发生了争吵对我们的伤害程度远远超过一顿烛光晚餐带给我们的快乐程度;被公司领导责备会让我们情绪低落好几天,而被表扬带来的喜悦也许只持续了一天而已。

因此,如果仅仅把体验限定于所谓的美好感觉,显然是不够的,它没有客观完整地反映绝大多数人关于"体验"的直观认识。

基于这样的认识,在《2016 中国金融行业用户体验及 NPS 白皮书》(以下简称"白皮书")一书中,借鉴《体验营销》(*Experiential Marketing*)的作者伯恩德·施密特(Bernd Schmidt)先生的思想,我们对客户体验重新进行了定义:

"客户体验是客户根据自己与企业的互动产生的印象和感觉。

"客户对厂商的印象和感觉是从他开始接触到其广告、宣传品或是第一次访问该公司时就产生了,此后,从接触到厂商的销售、产品,到使用厂商的产品,接受其服务,这种体验得到了延续。

"因此,客户体验是一个整体的过程,一个理想的客户体验是由一系列舒适、欣赏、赞叹、回味等心理过程组成的,它带给客户获得价值的强烈心理感受;它由一系列附加于产品或服务之上的事

件所组成,鲜明地突出了产品或服务的全新价值;它强化了厂商的专业化形象,促使客户重复购买或提高客户对厂商的认可。"

在这个新定义中,有几个关键词。

第一个关键词是"互动"。所有的体验都是在互动中产生的,没有人与人、人与物的互动,就没有体验的产生。我们接受一次服务,是我们和服务提供者之间的互动;我们在大自然的美景中感到心旷神怡,是我们和自然界之间的互动。

第二个关键词是"印象和感觉"。在新定义中,不是只有"美好的感觉"才被称之为体验,而是任何印象和感觉都可以被称之为体验。体验是多种多样的,美好的感受是体验,不美好的感受也是体验。而之所以需要对体验进行管理,就是要尽力去除不美好的感受,创造和强化美好的感受。

第三个关键词是"整体"。毋庸置疑,客户体验是一个整体的过程,就像我们对一个人的印象,是受多方面因素的影响,比如他的长相、穿着、气质、谈吐、举止……我们很难清晰地界定究竟是哪一个因素使得自己喜欢或讨厌一个人,但我们可以很清晰地知道自己是喜欢还是讨厌这个人。我们对一个人或一件事物的感受是同时受到诸多因素影响的,甚至有一些因素我们自己从来没有意识到,但它们就在那里,悄悄地发挥着作用,影响着我们对某个人、某件事的看法与感受。

在这本白皮书中,有一个关于"七力"模型的故事。最早我们在与平安集团合作时,用的是 NPS(Net Promoter Score,净推荐值)模型。但 NPS 模型其实只能简单回答有多少人愿意推荐、有多少人不愿意推荐的问题,而无法知晓背后究竟是哪些原因导致了消费者不同的态度。

NPS 模型在应用过程中常常遭遇的另一个问题是,很多企业领导认为客户体验仅仅是客户服务部门的职责。当 NPS 值下降，也就是客户体验度下降时，往往只有客户服务部门受到指责。可这事实上极为不公。客户服务部门确实是与客户接触并能对客户体验产生重要影响的部门，例如呼叫中心每天要接听成千上万通客户的咨询电话，再例如投诉处理部门每天要处理数以十计、百计的"问题客户"，但这只是客户与企业互动的诸多环节之一。

如果我们做得极端一些，把销售部的名字改为"客户获取部"，把市场公关部改成"客户沟通部"，把产品部改成"客户需求满足部"……我们会发现，其实每个部门都在服务客户。客户服务不仅仅是客户服务部门的工作，而是每一个部门的工作。这就意味着当客户体验下降时，仅仅把矛头指向客户服务部是不合理的。

在这样的背景下，我们和平安集团客户体验管理部一起建立了所谓的"七力"模型，即客户体验是销售、产品、服务、渠道等七个因素同时作用的结果。当然，不同的行业，"七力"的具体定义会略有不同，对客户体验的影响程度也有所差异。但"七力"模型所表达的思想就是，客户体验是一个整体的过程，它不是单个的触点，也不是单个部门所决定的。

"七力"模型比较客观地反映了体验是一个整体过程的事实，但并不表示影响体验的只有七个因素。相信在"七力"模型所归纳提炼的七个因素之外，仍然存在很多其他的可能性，甚至关于"七力"本身的概括也仍然值得推敲和探讨。

我们在与某银行信用卡中心合作时，也遇到了类似的问题。通过研究，最后证明影响信用卡用户体验的不仅仅是服务环节，营销、产品、渠道、费用等环节都会对用户体验产生影响，其中服务、营销、产品三个环节分别占到 20%～30%。这充分说明，客户体验管理其实是一个 360°工程，它并不是单个部门的责任，而是整个公司所有部门都需要严肃对待的一个工作,因为体验无处不在——每个员工、每次互动都会对客户体验产生影响。

三、3.0时代:永不消逝的电波,追求美好体验是社会进化的原动力

2019年,在中国保险协会组织的客户体验管理培训班上,我对体验的定义又再次做了修订与简化,并第一次提出了体验是高级生产力的概念。

"体验是任何生命体,包括人类,对外界刺激的感知与反应。体验是永不消逝的电波,无形、动态、恒在是体验的三大属性。追求美好体验,是生命的本能,也是社会进化的原力。"

微信朋友圈曾经流传过宜家家居做过的一个实验。在这个实验中,有两盆一样的植物,套上透明罩子,被放在校园里。每天给它们施一样的肥,浇一样的水,晒一样的太阳。但其中有一盆,每天在旁边循环播放孩子们赞美它、夸奖它的录音。而另外一盆,则在旁边循环播放羞辱它、责骂它的话。30天之后,被赞美的那一盆长得非常茁壮,而被羞辱责骂的那一盆枯萎了。

有人驳斥这个实验是无稽之谈,也有人报道说这个实验其实是宜家阿联酋分部拍摄的一支名为《人类语言的能量到底有多大》的营销广告,本意是支持公司"拒绝欺凌"的活动。

我无意去评判这个实验是否科学,是否经得住所谓的双盲实验。我引用这个故事只是想说明,只要是生命,包括人类、动物,甚至植物,就会有体验、有情感。我曾经养过的边牧让我知道,即使是一条两个月大的小狗也喜欢被夸奖、被爱抚。而某些能把花花草草侍弄得特别好的人则让我相信,他们一定是听得懂花草的语

言，知道什么时候该浇水、施肥、晒太阳，所以这些得到精心照料的花草也以最美的样子回报主人。

换言之，体验是任何生命体对外界刺激的感知与反应，只要是有生命、有意识，就会有体验，正如中国道家所言"万物有灵"是也。因此，从这个角度讲，体验是永不消逝的电波，它是永恒的存在，只要生命存在一天，体验就存在一天。只要人类社会存在，我们就没办法回避体验的问题。

追求美好体验是生命的本能。被赞美尊重者健康成长，被批评羞辱者枯萎凋零，说明了一个道理——爱与尊重以及赞美是每个生命都渴求的终极体验。这才是我们这个社会，乃至整个宇宙真正的终极问题。NPS不是终极问题，转化率不是，留存率也不是，这些指标充其量只是回答终极问题时的部分路径而已。

既然美好体验是宇宙之终极问题，那么对美好体验的追求就构成为社会进化的原动力——对美好体验的追求，推动着我们不断去创造美好体验，而创造美好体验的努力则带来了整个社会的进步与发展。

在这个意义上，我们可以认为美好体验本质上是一种高级生产力。良好的体验带来了更高的社会效率，更和谐的社会关系，而恶劣的体验则制造了更多的社会障碍，浪费了更多的社会资源，最终必然会使整个社会倒退。

"煎饼西施"与豆花铺老板娘

2018年底发生了一件大事,弘哥爱上了家门口的"煎饼西施"!而且不止一个,是两个!对,重要的事情说三遍——弘哥爱上了家门口的两位"煎饼西施"!!!

弘哥家门口有很多个早点铺,有卖粢饭糕的、卖包子的、卖馒头的、卖豆花的,甚至还有人打着我们张家的旗号开了个"张记油条",有一阵子弘嫂天天嚷着要去张记油条吃 brunch——呃呃……由油条和豆花以及咸豆浆组合起来的早午餐,大家一定会觉得别有一番风味吧。

但在众多早点铺中,有两个特别与众不同。一个是卖煎饼馃子的,在街头;一个是卖鸡蛋饼的,在街尾。虽然卖的东西不一样,但有一个共同点——那就是,这两个铺子都是由一位风姿绰约的女子当家,一个面如银月,顾盼流连,清秀可人;一个身材高挑,表情生动,热情似火。"煎饼西施"在做煎饼时,左手掌勺从面桶里舀上调到恰到好处的面浆,右手用一块木刮子旋转着一抹,面浆就匀匀地摊在了圆圆的煎饼台上,借着摊饼最后那一下力道,"煎饼西施"顺势把木刮子稳稳地插到煎饼台和右侧把手间的缝隙里,然后用腾出来的右手抓起一个鸡蛋,在煎饼台沿上轻轻一磕,不用换手,就把鸡蛋打到了快要烘好的薄饼上,再拿起木刮子,把鸡蛋打碎均匀地摊到整张饼上,然后用一支薄薄的小铲子插到煎饼底下,沿着煎饼边沿飞速地转一圈,把饼和台面分开,再抹上辣酱、甜面酱,撒上葱、香菜、榨菜、些许芝麻,卷上一根油条或一张油饼,最后用个小铲在煎饼正中间一切,把煎饼一分为二,再一折套进袋子里,一个煎饼馃子就做好了。全部动作一气呵成，不过一分钟罢了。

一个沉浸在劳动中的漂亮女子，自然让人赏心悦目，弘哥也不例外。但更重要的是，"煎饼西施"从来不会搞错你的要求。我们家三口人，弘哥不吃辣、不吃葱、不吃香菜，有些时候甚至不要鸡蛋，贝爷通常不要榨菜，要微辣，弘嫂是什么都要，而且要重辣。弘哥一般只说一遍，但"煎饼西施"从来没搞错过，不像另一个卖豆花的老板娘，弘哥在那里买了几十回豆花，两个极简单的要求重复了一遍又一遍——一碗不要虾米，一碗不要榨菜，可每次买回家，弘哥都要强压心头的恼怒，花至少五分钟时间用专门的细头木筷把碗里星星点点的虾米一只一只地挑出来，而贝爷则会悲愤地看着他深恶痛绝的榨菜一次又一次地出现在他的碗里，怀疑他爸是故意要败坏他吃早餐的心情。

整个早晨，"煎饼西施"要做几百张煎饼馃子，差错基本为零（当然此处是弘哥的猜测）。不仅如此，"煎饼西施"对老客人都记得非常清楚，谁爱吃什么，不爱吃什么，谁今天少买了几个、多买了几个，都弄得清清楚楚，还常常和客人唠唠家常。一句话，"煎饼西施"不仅人长得美，活干得好，情商还很高。这样的"煎饼西施"，有谁会不爱呢？反正弘哥毫不讳言，如果吃煎饼馃子，弘哥只去"煎饼西施"家。

至于"蛋饼西施"，同样的手脚麻利神情专注，但又自有一番风韵，带点麻、带点辣，像早晨的阳光，又像午后的下午茶，浓烈而温暖。弘哥不吃蛋饼，但每次被弘嫂指派去"蛋饼西施"家买蛋饼时，弘哥还是很乐意的。有谁会讨厌一位健康、美丽、年轻、温暖、能干的女性呢？！哪怕她只是在你家门口的小街上卖个蛋饼。

弘哥无可救药地爱这样的"煎饼西施"和"蛋饼西施"，弘哥不爱一直搞错要求、木讷冷淡的豆花铺老板娘。弘哥相信,弘哥爱"煎饼西施"和"蛋饼西施",只不过是正常的、放之四海而皆准的人性罢了。因为,"煎饼西施"和"蛋饼西施"带给弘哥的是一种体验。

《体验经济》的作者约瑟夫·派恩和詹姆斯·吉尔摩说,(美好)体验就是"一个人达到情绪、体力、智力甚至是精神的某一特定水平时,他意识中所产生的美好感觉",体验"充满了感性的力量,给顾客留下难忘的愉悦记忆"。"煎饼西施"和"蛋饼西施"给弘哥留下了难忘的愉悦记忆,而豆花铺老板娘给弘哥留下了难忘的不愉悦记忆。

弘哥希望身边都是"煎饼西施"和"蛋饼西施"这样的人,因为这会让弘哥觉得生活更美好,心情更愉悦,对未来更有希望。如果身边都是豆花铺老板娘,弘哥该有多么绝望——如果你每天都要费尽脑力体力对付拧巴的人,你哪里还会有心情去做你想做的事情呢?

所以,体验本质上是一种高级生产力。良好的体验带来了更高的社会效率,更和谐的社会关系,而恶劣的体验则制造了更多的社会障碍,浪费了更多的社会资源,最终必然会使整个社会陷入倒退的境地。

每个企业都要管理好客户体验,都要不断地创造新体验,要不断地满足客户的各种需求。客户体验管理不仅仅是为了企业自身赚到钱,更多的是帮助整个社会不断地取得进步,不断地向更高阶段进化。企业管理好客户体验,不是企业发展本身的要求,而是整个社会发展的要求。

这就是弘哥所理解的客户体验管理的真正含义!

想想几十年前,那个时候整个中国大概都没有什么体验可言——无处不是"门难进、脸难看、话难听"。在这种环境下长大的中国人是不是都显得比较冷漠、自私、阴暗、绝望?而整个社会的效率是不是非常的低下?

因此,从这个角度看,客户体验管理就有了更高层面的意义。客户体验管理是企业应该且必须承担的社会责任,是天然的企业使命。创造良好的体验不是盈利的手段,而是企业存在的终极目的。赚钱只是达成这个目的后自然而然的产物。一家能让所有客户都产生愉悦心情的企业怎么会不赚钱呢?

而一个重视体验的社会,也一定是一个尊重个人、重视个人价值的社会。因此,也许我们不需要高喊什么改革的口号,而只要将创造良好客户体验作为一切服务——包括商业服务和公共服务的考核指标、奋斗目标,我们就有可能以终为始,推动整个社会向着更为民主、自由、文明、和谐的方向发展——社会主义核心价值观所倡导的富强、民主、文明、和谐,自由、平等、公正、法治,爱国、敬业、诚信、友善,自然也不会太遥远。生活在这样的社会里,应该是一件幸福的事情。

最后,弘哥要抖个包袱——"煎饼西施"受人欢迎,不仅仅是因为前面说到的"人长得美、活干得好、情商还高"这三点,其实还有更重要,甚至是最核心的一点——那就是,"煎饼西施"是正宗的山东姑娘,个头、体型、长相、口音无一不和煎饼这个事物完美契合。弘哥很难想象,如果煎饼西施是一位娇小瘦弱、黑皮肤、深眼窝、高颧骨、操着海南方言的海南姑娘,弘哥是不是还会觉得煎饼馃子那么好吃对味?毕竟产地是否正宗,也是客户体验的重要构成。海南姑娘,显然更适合做椰香竹筒饭或海南鸡饭,而不是煎饼馃子。

因此,从这个角度来讲,毋庸置疑的,客户体验管理是一项综合诸多要素的系统工程。那么,让我们一起来建立更高效的客户体验系统工程吧。

第二节 "欲壑难填"——随时代变迁不断演化的体验

虽然追求美好体验是生命之本能,关于体验,真正的终极问题是爱与尊重以及赞美,但究竟何为爱、尊重以及赞美,究竟如何表达爱与尊重以及赞美,却是在不断变化之中的。爱和尊重以及赞美的形式始终随着时空转换而发生变化,正所谓"易不易"——这个世界上唯一不变的就是变化本身。同样,关于究竟什么是美好体验,也一样随着时空的变化而发生变化。

例如,在多年前,我们坐车时,会把副驾驶的位置留给领导,因为前排意味着更高的地位,坐在后排则表示自己是一个跟随者。而在西方社会,则认为老板应该坐在后排,也许这是因为在马车的时代,仆人或管家坐在前面,以便随时下车搀扶后排的贵族上下车,但这也不是静止不变的。随着时代变迁,现在中国人也慢慢地习惯了把后排位置留给领导,而副驾驶的位置则成为了秘书或随从的专座,以至于现在中国针对商务精英的车辆品牌,车身变得越来越长,后排空间变得越来越宽敞,甚至出现了后排就是双人沙发的情况。

正因为宏观、微观环境不断地对客户产生影响,客户不断地在物理、生理、心理层面产生新的需求。企业必须不断地使用新手段和新方式满足客户的新需求,以维持彼此之间的关系,就像夫妻之间必须不停地保持高质量的互动方可避免双方关系退化一样。

很多年前当财富管理刚刚在中国兴起时,某家银行将该行重新定位为"财富管理银行",并发起了宣传攻势,通过电视、户外、平面、互联网等媒体渠道密集宣传自己的新定位。但很快该行就发现究竟什么才是客户关心的财富管理是一个非常关键的问题——

不仅仅对线上的广告宣传,而且对线下的服务交付等都是一个极其重要的问题。这个问题不回答,那么广告宣传就不知道该向消费者传递什么信息,而线下的各种服务,包括产品组合、服务流程、人员配置、渠道结构等也不知道怎样设计才能打动消费者。

可财富管理并不是一个一夜之间冒出来的全新需求。对钱或曰财富进行管理,使其保值增值,是人类亘古不变的需求。可在不同的时代、不同的环境下,如何对财富进行管理,却始终处于变化之中。

我们接受该银行的委托,对这一课题进行了长达几个月的研究。研究表明,中国消费者关于财富管理的需求经过了诸多不同阶段的发展。例如在 2008 年全球金融危机以前,中国消费者对金融机构比较突出的期望是全球资产配置能力,他们相信外资银行、相信外资保险公司,因为"外资"就意味着有能力在全球对投资进行多元配置,他们也相信这些外资金融机构能提供更好的服务——更干净整洁、优美舒适的网点环境,衣着精致得体的员工,更合规,更安全……但 2008 年金融危机之后,中国消费者的理财需求迅速从"快速增值"转向了"长期保值",他们需要更稳妥的投资,他们不再相信外资金融机构的所谓产品创新能力,因为这种能力后来被证明更多的是风险极高而且高度不透明的金融衍生产品,与其说是理财产品,不如说是一场不知道规则、不知道对手的"赌博"。

同时,随着中国社会整体财富的快速积累,中国消费者对银行网点环境提出了更高的要求。他们期望银行网点能变得更加人性化、艺术化、审美化。他们厌倦了传统银行网点的工业化装修风格——冷冰冰硬邦邦的铁椅子、高高的柜台、厚实而没有温度的防弹玻璃、冷冷的地砖……他们期待在银行网点里看到小桥流水,就像来到了充满新奇感的情趣餐厅，他们希望在网点里看到郁郁葱葱的绿植、处处摆放着盛开的鲜花，地面铺的是"有温度、有质感"的实木地板或地毯，冰冷镀铝的铁椅子能换成有色彩的柔软的布艺沙发，甚至有人提出银行职员为什么一定要穿着千篇一律古板僵硬的西装，而不能让女职员穿上中国风的旗袍？（这一点后来被我们的客户否决了，因为领导担心并不是每一位女员工都有着美妙动人的身材）……总而言之，他们希望在银行网点里能获得美，这种美会为银行服务带来创新感和温度感。如果做不到上面这些，那么至少银行网点应该提供饮水机——如果在网点不得不等候几个小时，给人喝杯水是对客人最起码的尊重吧。

还有一些相当新潮的银行顾客提出了更为激进的想法——例如取消所有的普通物理网点，仿照苹果公司，只在每个城市开设若干家旗舰店，这些旗舰店具有高度的科技感，通过人脸识别或虹膜技术及时识别每一位进入门店的客户，银行职员手持平板电脑与顾问面对面坐在任意角落，通过平板电脑随时接入云端，下载并演示各种产品……银行里的每一块玻璃都是一块触摸屏，只要在屏幕上轻轻一触，就可以看到自己想要的任何信息……网店里再也没有防弹玻璃，也没有拖来拖去的电线，只有公园般的环境……然后，在办完业务后还可以在某个安静舒适的角落轻啜一杯咖啡，伴随着优美的钢琴曲……

当然，这些设想有些已经在中国的某些银行得以实现，有些则还在实现的路上。我们看到很多银行已经对网点进行了升级改造，变得更人性更美观，同时更多的业务已经真的迁移到了"云"上，只是那本来该由银行工作人员操作的平板电脑变成了我们每一个人手里的智能手机，现实比原来的理想仿佛走得更快更远。

这些例子表明,客户体验管理本质上是维持新鲜感、建立信赖感、提供愉悦感、制造惊喜感的系统性做法。客户体验管理和人类的任何一对关系一样,其基础都是为了满足这对关系中一方对另一方的各种心理需求,如安全、信任、尊重、快乐、轻松、关爱等。关系中相对较被动的一方,尤其要付出努力营造出这样的氛围以维持双方的关系。

回到上面刚刚讲过的财富管理银行的例子。在这个案例里,我们其实可以看到银行客户的心理需求从最基础的安全感转向了更高层面的平等、尊重与关爱。在银行服务的早期阶段,银行是替人保管现金的机构——我们把钱存进银行,是因为银行有能力和财力建造专门的金库,比我们个人更有能力防抢防盗,银行能否满足我们关于安全性的需求是最重要的考量因素,因此我们可以牺牲平等、牺牲舒适,忍受铁栅栏、防弹玻璃、高高的柜台来换取对安全性的满足。但随着安全性成为银行最基本的要素,不再能提供差异化服务时,银行就必须及时转变,以满足消费者新出现的需求,否则就可能被淘汰。

第三节 体验为什么会成为一个最重要的商业问题?

前面解释了体验是什么以及体验是如何不断演化的。但体验,或者说体验管理,之所以成为一个越来越重要的商业问题,因为它是人类社会发展到一定阶段的产物。

体验及体验在不断发生变化是一个人类社会乃至整个自然界与生俱来的现象,但体验管理成为一个众多商业机构都日益关心的问题,是因为我们的社会进入了一个新的发展阶段。在这个阶段,消费者变成了"生产—消费者"(图1-1)。

产品买卖模式

生产过程与消费过程分离

消费者
Consumer

合作生产模式

生产过程与消费过程交融

生产—消费者
Prosumer

图 1-1 "生产—消费者"的出现

在第一产业和第二产业为主的时代,我们通常只有"商品"或"产品"。商品在英文里称为"commodity",指的是没有或很难进行差异化的产品,例如我们日常生活中的食盐、粮食等。产品在英文则是我们熟知的"product"。产品是由人创造出来的东西,它可以差异化,所以产品时代发展到后期,就出现了品牌,而现在品牌已经成为大家耳熟能详的现象。

无论是商品还是产品,两者的共同特点就是生产与消费是两个独立、割裂的环节。生产者在地里或厂里将商品或产品生产出来,然后通过销售渠道将它们送到零售商的货架上,消费者在货架上买走产品,在家里或其他地点使用、消费产品。在这个过程中,生产者与消费者不需要见面,彼此也不觉得有见面的必要。这是一个非常纯粹的产品买卖模式。

在产品买卖模式下,生产者的价值通过产品使用功能得到实现,消费者因为产品具有使用功能向生产者支付价格。生产者和消费者之间没有任何直接的关系。例如,在快消行业,我们通过超市买走了一瓶飘柔洗发水,我们和宝洁之间没有关系,宝洁生产洗发水的过程——无论这个工厂是在广东番禺还是在安徽合肥,都不需要依赖消费者的参与。宝洁的工厂可以独立完成全部的生产过程。

然而,到了第三产业为主的时代,这个模式就行不通了。我们可以想象一下,如果我们是一家医院,虽然我们拥有各种诊疗设备,也配备了非常高水平的医生,可这些设备和医生并不是我们生产的产品——他们只是我们的生产资料,其本质就好像宝洁设在番禺或合肥的工厂车间和工人。

但两者的差异在于,宝洁的工厂即使没有一个消费者,也照样可以生产成千上万瓶的洗发水,但医院不行。因为对医院来说,它真正的产品是"诊疗服务",而不是诊疗设备与医生。诊疗服务这个"产品"要被生产出来,就必须有病人参与——病人参与到整个过程中,医院的设备和医生这些生产资料才能运转、才能产生价值。

同理,即使银行有再多的网点、再好的设备、再专业的员工,如果没有顾客与他们互动,银行就无法完成任何生产——因为银行生产的产品是"理财服务",而不是这些房屋、设备和员工。

也就是说,在第三产业里,消费者已经成为一个不可或缺的生产要素,这个生产要素的重要性超过了任何其他有形无形的生产要素。没有消费者这个要素的参与,其他任何生产要素都只是静态的成本投入,根本无法创造出新的价值。换言之,没有消费者,就没有生产。

在这个过程中,消费者不再是单纯的消费者,而同时具有了生产—消费双重性,就如同光具有波粒二象性,第三产业的顾客们既是消费者,更是生产者,也就是前面所说的"生产—消费者"。

既然如此,如何吸引,甚至争夺"生产—消费者"就成为所有服务型企业每天都必须面临的生死挑战。这可以看作竞争各方对生产资料的争夺,一如古代游牧部落对草场、农耕村落对水源的争夺。其重要性不言而喻。

游牧部落或农耕村落对草原和水源的争夺,最终演变成了政府和军队之间的战略竞争,而对"生产—消费者"的争夺则演变成了商业机构之间的战略竞争。

　　既然事关生死,作为商业竞争的主体,企业就不得不倾注全部的精力和资源,对"生产—消费者"进行争夺,以确保自己这个组织能够生存下去。

　　"生产—消费者"用脚投票——谁能带给他们更好的体验,或者说,谁能更关爱、更尊重他们,他们就选择谁。正所谓"水能载舟,亦能覆舟"。农牧时代的竞争是对不可再生、只可再分配的土地进行争夺——在这个时代,一个国家的帝君最伟大的梦想莫过于建立一支强大的军队四处征伐兼并。工业时代的竞争则是对能源矿产进行争夺,为本国的制造业提供充足的自然资源——在这个时代,最伟大的企业是能制造出强大机器的企业,最伟大的国家是拥有众多伟大制造企业的国家,而服务时代的竞争则是对"人民"的争夺——在这个时代,谁得到了消费者的民心,谁就赢得胜利。

　　这样的商业逻辑决定了在这个新时代,每一家企业都必须认真对待客户体验给予每一位客户足够的"获得感"与"幸福感",这是一家企业赖以生存的基础,否则我们的企业将不复存在。正是在消费者生产资料化这样的大背景下,客户体验管理成为了一个无法回避的商业问题。谁回答得好,谁就有机会生存;谁回答得不好,谁就会被淘汰。

第四节　ROX——测量体验投资回报率

　　既然体验管理现在已经成为了一个商业问题,那么我们就不能回避体验管理的投资回报率问题——为客户提供美好体验是需要足够投资的,可提供了美好体验就一定能获得回报吗?

幸运的是,诸多研究都表明良好的客户体验与企业的经营业绩之间存在着明显的、可以验证与量化的正向关系。在我们与平安联合发布的《2016 中国金融行业用户体验及 NPS 白皮书》中,平安集团利用自己的数据证明了这一点。

在图 1-2 中,我们可以清晰地看到,当 NPS 值提高,公司的业绩也会提高。

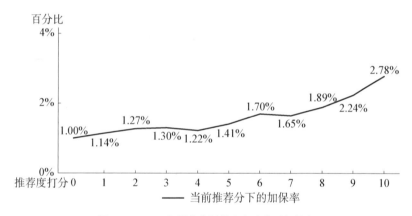

图 1-2   2016 年平安集团某人身险公司加保率

资料来源:《2016 中国金融行业用户体验及 NPS 白皮书》

而在 2019 年观山科技联合中央财经大学金融品牌研究所搭建的 BRAND-X 品牌体验指数模型中,则进一步揭示了另一个重要规律——客户体验对企业业绩具有明确的预测性。

观山 BRAND-X 品牌体验指数模型利用爬虫技术抓取了网络上约 50 万条关于 30 家银行品牌体验的公开数据,包括微博、BBS等,运用文本分析和大数据技术,对这些数据进行归类计算,使每家银行都获得一个标准化的品牌体验指数(BRAND-X 指数)。然后将这个品牌体验指数与各家的业绩增长率相关联,进行相关性分析。

　　分析发现品牌体验指数和银行业绩之间存在明显的正相关(图 1-3)。但更令人惊讶的是,品牌体验指数对银行未来的业绩增长具有相当良好的解释性——当我们用当年度的品牌体验指数与当年度的业绩增长率关联时,两者的相关系数仅在 0.3~0.4 之间,也就是说,两者正相关,但并不是非常强烈。当用上年度品牌体验指数与当年度业绩增长率关联时,两者的相关系数则提高到了 0.7 左右,也就是说,银行上一年的客户体验对第二年的业绩有着更为直接有力的影响。换言之,品牌体验其实可以相当准确地预测一家企业的业绩表现——如果你今年的客户体验好,那么大概率你明年的业绩也会比较好;如果你今年的客户体验差,那么很有可能你明年的业绩也会比较差。

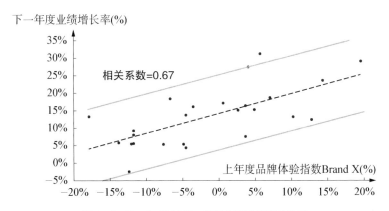

图 1-3　Brand-X 与下一年度业绩增长率的关系

注:1. 以上数据为 14 家主要银行品牌在 2017—2018 年的 Brand-X 指数和下一年度该品牌的业绩增长率
　　2. 其中 2019 年采用上半年业务数据进行半年度的数据计算
　　3. 所有业绩数据均来自银行的公开年报数据
资料来源:观山科技 BRAND-X 品牌体验指数模型,2019 年

这些研究表明，客户体验管理的确是一种可以测量和利用的经济行为——一方通过提供心理、生理、物理上的满足感（投资），获得另一方的满意与忠诚并从另一方的满意与忠诚中获得收益（回报），而且这种回报是可以量化的，一如财务投资可以计算投资回报率（ROI）一样。

按照这个思路继续往下，我们就能够借鉴投资回报率的概念，进一步推导出一个可称之为体验投资回报率（ROX = Return on Experience）的公式。

这个公式能够帮助我们计算出何种类型的体验在何种强度下，会带来何种程度的财务回报。比如，基本的安全感可以额外带来 10 元的收入，而高强度的安全感则可以额外带来 100 元的收入；基本的信任感可以额外带来 25 元的收入，高强度的信任感则可以额外带来 250 元的收入；而如果同时有安全感和信任感，则可以额外带来 500 元的收入。

借由 ROX 公式，我们可以更精确地将体验管理投资财务模型化，在体验管理投资和财务回报之间建立起清晰有力的数理逻辑关系，使得企业在进行体验管理相关投资决策时更加有的放矢、有据可依。

第五节　为不同的人调制不同的体验配方

关于客户体验，另一个规律是不同的客户追求的体验组合是不同的，有的强调安全感，有的强调轻松感，有的强调新鲜感，每个客户都有自己偏好的体验配方（experience formula），一如快消行业中，有的客户喜欢草莓味的酸奶，而有的客户喜欢杂拌了大麦粒的酸奶。不同的"配方"带来不同的体验。

在曾经执行的一个咨询项目中,我们发现即使是热线电话这种几乎所有人都认为没有任何差异化的服务,不同的客户群体关于体验都存在着明显的、可测量的差异。例如,三、四线城市的客户在拨打客服热线时更期待人工服务,更期待客服坐席能像邻里一样对自己表达关心,并给予细致耐心的解说与辅导。而一、二线城市则认为客服热线的菜单应该尽量简化,最好能够让他们自己操作,在几秒钟之内就把问题搞定。

至于年长客户和年轻客户、男性客户和女性客户,其间的差异则更为巨大。同样是车险电话报案,男性客户在拨打热线电话时期待的是立即告诉他查勘员何时能够到达现场,是否可以自己通过移动手机远程上传事故现场照片,第一时间获知定损结果和修理点信息。但女性客户在报案时,更期待坐席首先对自己表示关心与安抚,就像闺蜜一样用温暖贴心的方式问一下:"你还好吧?你一定吓着了吧?……"

这个案例告诉我们,每个客户关于体验的诉求是不同的,有的期待便捷快速,有的期待温暖贴心,有的希望获得足够的资讯,有的需要得到手把手的牵引。这些诉求就好比快消品中的成分表——不同成分的组合,会创造完全不同的体验。

体验提供商必须精心研究这些成分,测量出不同成分对不同客户的影响,然后用心进行调配,从而"制造出"目标客户所期待的体验——就像酸奶制造企业必须调制出不同口味的酸奶并把它们灌进不同的包装以满足不同客户的需求一模一样。

但仅仅知道不同的消费者对体验有不同的期望是远远不够的。和消费品一样,客户体验的"调制"也受到消费场景的影响。例如,我们绝大多数人都希望智能手机系统更流畅、屏幕更清晰、色彩更逼真,但这也许只是针对看视频看图片而言。随着人们越来越多地使用智能手机,我们开始发现,其实除了看视频和图片外,还有大量,甚至是越来越多的时间是在手机上进行阅读——收发邮件、阅读公众号文章、浏览新闻,甚至是读书……而在阅读这个场景下,系统更流畅、屏幕更清晰、色彩更逼真恰恰是非常有害的体验——我们并不需要手机滑屏那么快,也不需要那么鲜艳的色彩,因为这些恰恰是最伤害我们视力的功能。在阅读时,我们的眼球最适应的仍然是简单的黑白色,是不会反光、更不会发光,甚至稍显粗糙的表面,是前后翻页而不是上下滑动。在这样的场景下,智能手机传统意义上的功能越强大,就越事与愿违。

换言之,在不同的场景下,即使是同一个消费者也需要不同的"体验配方"。企业必须通过对环境、场景、员工、产品、服务、流程、渠道、介质、广告宣传等"成分"(ingredients)进行非常精准的调制,才能"生产出"恰到好处的客户体验。概而言之,**体验配方 = 不同的客户 × 不同的场景。**

企业可以通过各种手段,实时监测不同的客户类型占比有无发生变化,如类型 A 随着时间推移而减少,而类型 B 则在增加;也可以监测客户的需求场景有无发生变化,例如同样是智能手机,是短视频场景越来越多,还是移动阅读场景越来越多。然后针对这些变化,调制出全新的体验配方。

毫无疑问,企业如果总是能调制出恰到好处的体验配方(X-Formula),就能给予客户最好的体验,从而最大化体验管理的投资回报率(ROX)。

第二章

生存或死亡
——为什么必须创造超级体验？

中国在经历了约30年的高速发展后，逐渐进入了所谓的经济新常态。经济增速下滑，再加上人口红利的消失、老龄化的加剧，使中国企业的发展模式正在逐渐从"摊饼"模式不可避免地转向"切饼"模式。这使得企业的增长模式发展了巨大变化。

第一节　存量经济下实现突围的唯一选择

毋庸置疑，放眼看去，现在几乎所有的企业都在谈论客户体验，从银行到保险、从金融到制造业、从旅游到餐饮、从企业到政府……平安说自己的战略是"科技创新，极致体验"，太平洋保险说自己要通过战略转型实现客户体验最优，甚至连传统认识里和客户体验完全不沾边的空调制造商都在思考如何与消费者建立起长期的联系以提供更好的客户体验，并且投入巨资在每台空调里新增了一个WiFi芯片，期望收集消费者的日常使用行为数据，创造更多的黏性。当然，互联网公司们正一如既往地默默地在后台收集着每一位用户的画像数据和行为数据，从而能为大家创造"千人千面"的客户体验。客户体验变得如此之重要，以至于现在如果哪家企业不提自己的战略目标是为了创造极致客户体验，都不好意思说自己是一家有追求的公司。

另一个有趣的现象是，不仅是中国的企业在积极探讨客户体验管理，在欧美企业中，客户体验管理也早已成为压倒一切的战略重点。

那么,为什么突然之间几乎全世界的企业都在谈论客户体验管理呢?为什么体验管理变得如此之重要,以至于没有人敢冒天下之大不韪错过这个潮流呢?有人认为是因为企业之间的竞争越来越激烈,也有人认为是公司的老板们互相影响、跟风使然。

但这些其实仍然是表象。客户体验之所以变得越来越重要,是因为全球经济都已不可避免地进入了存量模式。自20世纪60年代开始,全球GDP增长率就一路下滑(图2-1),直至今天的1%~2%,几乎所有的主要经济体,包括德国、日本,甚至美国,经济增长的动能正在逐渐消退。自从互联网出现之后,整个世界经济已经接近20年没有找到真正强有力的增长点了。这也是为什么最近两年美国不惜以举国之力打压华为,因为大家都认为5G也许会成为下一波经济增长的制高点,谁占领了5G,谁就占领了未来——这个世界没有新的增长点已经太久了。

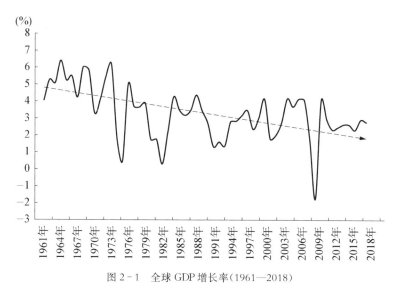

图2-1　全球GDP增长率(1961—2018)

资料来源:世界银行

存量经济的特征是增长乏力,竞争就从原来的"摊饼"模式变成了"切饼"模式。所谓"摊饼"模式,指的是当经济高速发展,整个市场规模也随之快速扩大。在这种模式底下,一家企业只要跟随潮流,就可以随着市场规模的扩大而不断扩大自身的规模,充分享受所谓的增长红利。当"摊饼"模式终结,市场规模不再无限扩大,企业之间的竞争就转化为对市场份额的争夺——饼只有这么大了,那么企业能否活下去、能否壮大,取决于它最终能抢占多少份额,这就是"切饼"模式。

而中国在经历了约 30 年的高速发展后,也逐渐进入了所谓的经济新常态。2008 年之后,中国的 GDP 增速也开始逐渐下滑,逐年从 14%～15% 渐渐下降到了 2019 年的 6% 左右(图 2 - 2)。经济增速下滑,再加上人口红利的消失、老龄化的加剧,使中国企业的发展模式也正在逐渐从"摊饼"模式不可避免地转向"切饼"模式。

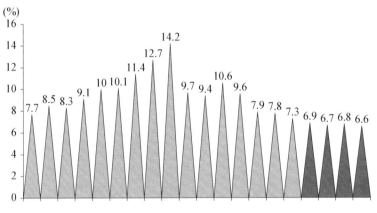

图 2 - 2　中国 GDP 增长率(1999—2018)

资料来源:国家统计局

第二节　要想赚人钱，必须感情好——企业增长模式的改变

经济模式从增量模式转向"切饼"模式之后，企业的增长模式就不得不发生变化。

一般而言，企业实现增长有三条路径（图 2 - 3）。

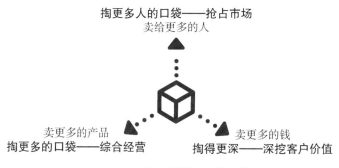

图 2 - 3　企业实现增长的三条路径

第一条路径是不断地扩大市场规模，即把产品销售给更多的消费者。

第二条路径是卖出更多的产品。即客户还是那些客户，但是设法让他们购买更多种类、更多数量的产品。早年在快消行业，宝洁和联合利华就不断地通过促销或者其他手段诱使消费者购买更大包装的产品，比如从 400 毫升的洗发水升级到 1000 毫升甚至1500 毫升的家庭装，从单只包装的香皂升级到 4 块、5 块的捆绑装，而牙膏则不仅从最早的 50 克变成了 200 克的大包装，还悄悄地扩大了牙膏管子的口径，让消费者每天在不知不觉中都多挤一些，这样做能加快消费者的消费速度，提高他们的复购频率。在金融保险行业，最常见的则是交叉销售。很多保险公司现在都对交

叉率有考核,也就是考核同一个客户在自家公司同时购买或持有的产品数量。几年前,某一家世界 500 强险企刚刚开始对交叉率进行考核时,目标只有 1.5,但现在已经提高到了 3.0,也就是说,平均每个客户必须同时持有公司的 3 个产品。这是实现增长的第二条路径。

第三条路径是让消费者购买更贵或者利润更高的产品。在金融行业,常见的例子是本来客户只购买了一款一年一缴的消费型意外险,价格仅为数百元,但现在我们想办法让这个客户购买了一款 20 年期缴的长期寿险,每年保费 5000 元。而智能手机厂商最喜欢的莫过于促使消费者不断地升级——从 1000 元的手机过渡到 2000 元、3000 元,甚至更贵。

在存量经济模式下,想完全依靠扩大市场规模来实现增长日益变得困难。尤其是在中国,随着城镇化的高峰逐渐过去,人口红利的消失以及老龄化浪潮,中国的整体市场规模趋于稳定,只要能生产出产品就能卖出去赚到钱的时代已经一去不复返了。也就是说,三条增长路径中的第一条在中国变得越来越困难。例如,某家车险电销企业,2007—2011 年,客户数量从几十万迅速扩张到一千多万,在短短四年时间里,客户规模几乎增长了 40 倍,但2011—2015 年,同样是四年时间,客户规模只增长了不到 200 万,每年只能实现非常小的涨幅。与此类似,另一家智能手机制造商在经过了几年的快速发展后,近几年也开始逼近它的业务边界——当全中国有 40% 的人都在使用你的产品时,请问你的增长潜力会在哪里? 还能寄希望于客户数量的增加吗? 显然这是一个不太现实的问题。

既然再也不能依靠市场规模的扩大,那么一家企业要实现增长,就只能更多地依靠第二、第三条路径,即设法销售出更多和更贵的产品,这就是大家常常说的综合经营(交叉销售)和挖掘客户价值(向上销售)。而上文提到的智能手机制造商则提出了产品多元化战略,希望通过一个主力产品,如智能手机,带动周边产品的销售,例如手环、手表等等,同时不断地推动产品向高档化发展,引导消费者购买单价更高的新产品。

但是第二、第三条路径往往取决于你和客户之间的关系,或曰感情。英文里有句谚语说:People do business with friends but not strangers.(大家只和朋友做生意,而不会和陌生人做生意。)

换言之,在存量经济模式下,关注客户体验已经不是我们愿不愿意的问题,而是我们必须认真回答的问题。没有体验,就没有客户;没有客户,就没有业务,成为一个人人都能意识到的逻辑。

正是在这样的背景下,无论是国内还是国外,所有的企业都开始对客户体验倾注了大量精力和资源,因为客户体验已经成为一个"是生还是死"的问题,再也不是一个可有可无的东西了。

第三节　服务产业崛起带来叠加效应

在中国,这种压力比成熟的欧美市场更为突出。因为相比欧美国家,除了 GDP 增速放缓,中国经济还同时面临另一个现象,那就是第三产业的发展。美国的服务业占 GDP 的比重已经达到 80％ 左右并趋于稳定,而中国的服务业随着经济的发展正在获得越来越高的 GDP 占比,2013 年服务业占 GDP 比重为 46.7％,2017 年则提高到了 51.6％(图 2 - 4)。随着服务业的比重越来越大,客户体验也自然成为越来越多的人关注的焦点。

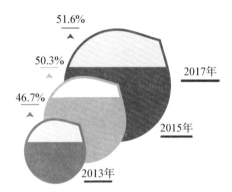

51.6%

50.3%

46.7%

2017年

2015年

2013年

图 2-4 中国服务业占 GDP 比重(2013—2017)

资料来源：国家统计局

概而言之，"切饼"模式和服务业的发展，一起推高了中国企业对客户体验管理的重视程度。

为什么金融行业更重视客户体验管理？

虽然现在各行各业都越来越重视客户体验，但相比其他行业，金融行业对客户体验管理的重视程度以及成熟程度，都要高许多。从某种意义上讲，金融行业也许代表着服务业的最高水平。

首先，这个行业所服务的人数极其庞大，例如中国工商银行据说有4亿客户，最大的综合金融集团中国平安则有近2亿客户，即使在保险行业只排名第五第六的泰康集团，也有超过6000万客户。如果这些被看作私域流量，那么几乎任何一家上规模的金融企业都可以碾压大多数互联网公司。

其次，金融服务的复杂程度远超出普通人的想象。虽说电商巨头天猫、淘宝也有数以亿计的用户，微信更是号称仅在中国就有6亿用户，但是就服务链条的长度、宽度和模式的复杂程度，这些互联网公司相比传统的金融行业仍然简单得多。金融行业的客户触点可以多达几十、几百，甚至上千，有的服务旅程横跨线上线下，O2O2O在金融行业是极其普遍而常见的现象。但在互联网公司那里，几乎所有的客户触点就是一个，那就是手机。

银行和保险公司雇佣了数以十万、百万计的销售和运营人员。仅仅中国人寿一家公司，就有多达近200万名的代理人，中国平安则有130万名的代理人和约30万名的内勤，工商银行在全国有近4万个营业网点，邮储银行更是多达6万个。

金融行业所销售的产品复杂程度也远远超出一般人的想象。

仅仅招商银行的信用卡业务,据说就有3000多种产品,而建设银行的零售银行据说更新产品的速度几乎赶上了时尚行业——多如牛毛的常销产品和隔三差五就更新的短期产品,构成了无比庞大的产品组合。而当保险公司说要停售某一款产品时,这款产品只是未来不再销售而已——快消公司清理库存后,就不再需要对已经购买过的消费者负任何责任,也不需要保留原来的生产线,可保险公司对停售前购买了产品的客户仍然必须维护直至承保责任结束,这个过程可能是几年,甚至几十年,而且在这么长的时间里保险公司还必须确保自己的系统不会算错账。

因此,管理协同如此庞大的组织,使每一位客户都能得到公司承诺过的服务,无论是对内,还是对外,都是极其复杂且高难度的工作。所以有人说,金融业是服务行业的标杆,是服务业皇冠上的明珠,如果弄清楚了金融服务业,那就没有什么服务行业是不能理解的了。

正因为如此,所以很有必要对金融行业做一些近距离的观察,将其当作一个具有高度代表性的标本进行解剖与学习。

传统金融服务——交易的结束是关系的开始

快消行业和金融行业都是面向C端消费者的行业,满足的是消费者最基础的生活需求,一个是制造业的代表,一个是服务业的代表。因此,选择这两者进行比较,能更好地看出两者之间的差异。

我们可以用一张图来表示两者之间巨大的差异。

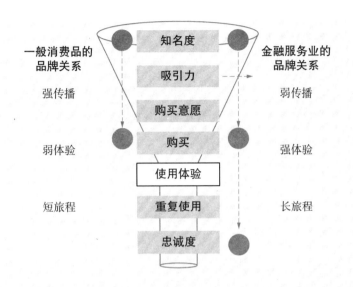

一般消费品的品牌关系　　　　　　　　金融服务业的品牌关系

强传播　　　　　　　　　　　　　　　弱传播

弱体验　　　　　　　　　　　　　　　强体验

短旅程　　　　　　　　　　　　　　　长旅程

知名度
吸引力
购买意愿
购买
使用体验
重复使用
忠诚度

　　快消行业由于产品单价通常较低，而且使用频率、购买频率都非常高，决策成本不高，因此消费者在购买时并不需要经过特别复杂的决策流程，大多数购买都发生在短短几分钟里，是典型的冲动性消费。例如，当我们感到口渴，买一瓶农夫山泉和买一瓶娃哈哈并不会带来本质的区别，大多数人都不会为了买某个特定品牌的矿泉水而在大热天步行几公里。对消费者来说，即使是买了一瓶自己不喜欢的水，代价也是非常低的。

　　快消行业的这些属性决定了其客户旅程必然是非常短的。在这么短的旅程里，企业要做的事情就是用最快的速度切入消费者的头脑，使其在很短的时间里做出决策、完成购买。因此，快消行业比其他任何行业都更看重广告的作用——提前将货铺进大卖场、超市、杂货店，然后通过广告轰炸快速建立起品牌知名度，使目标消费者知晓品牌、产生兴趣和购买的意愿，然后再持续通过广告和促销强化品牌形象，维持品牌在消费者心智中的存在感，实现重复购买。

　　因此，快消行业是一个强传播、弱体验的行业。一次失败的体验对消费者来说，不会成为一场无法承受的灾难。但金融行业完全不同。

首先，参与度不同。金融行业处理的标的是钱。任何人在处理与金钱相关的事务时都是非常慎重的。喝了一瓶自己不喜欢的矿泉水，损失充其量是几块钱和几分钟时间，但如果买错了理财产品或保险产品，那么损失的可能是数以千计、万计的金钱和几个星期、几个月，甚至几年的时间。试错成本相对较高导致绝大多数人在和钱打交道时，都会给予极高的关注度，容不得丝毫马虎。

因此，在金融行业，很少有人仅仅是因为一支广告而做出购买决策的。几年前，我们受某银行委托，为其解答广告宣传到底在消费者决策中发挥多大作用的问题。研究发现，如果将客户旅程简化为考虑、购买和重复购买三个阶段，那么在不同的阶段广告发挥的作用是非常不同的。在考虑阶段，广告促销等所谓的显性因素大约能发挥40％～50％的影响力，而过往与这家银行打交道的体验、周围是否有较多的人使用这家银行、大家是否推荐这家银行等隐性因素大约发挥50％～60％的影响力。但是等真正进入购买决策阶段时，广告促销等显性因素的作用就急剧下滑到了20％左右，在这个阶段，消费者更多地考虑这家银行的产品、服务、费用、口碑等因素。而到了重复购买阶段，广告因素已经几乎可以忽略不计了。这充分说明，金融行业是更为理性的行业。

其次，金融行业有着快消行业无法比拟的客户旅程。如果说快消行业要的是激情与冲动，好像是谈恋爱，那么金融行业就是婚姻，要的是苦心经营、持续努力。金融行业的客户旅程不是以分钟，而是以月、年、十年计算的。以寿险为例，通常一位业务员需要花费几周，甚至几个月的时间跟进客户，经过数轮沟通弄清楚客户的真实需求，然后提交保险计划，再经过几轮的沟通和修改，才能最终和客户敲定计划。这之后，保险业务员还要辅导客户准备各项投保资料和填写保单，直至客户通过核保、付完保费、拿到保单，这桩生意才算是真正完成。

　　然而，交易的结束才是关系的开始——在未来长达几年、十年、二十年的时间里，保险公司都必须和客户保持良好的关系，持续提供各种服务，例如保单变更、退保、加保、减保、续保、理赔等等。保险公司为了提供持续服务，必须建立庞大的运营团队，包

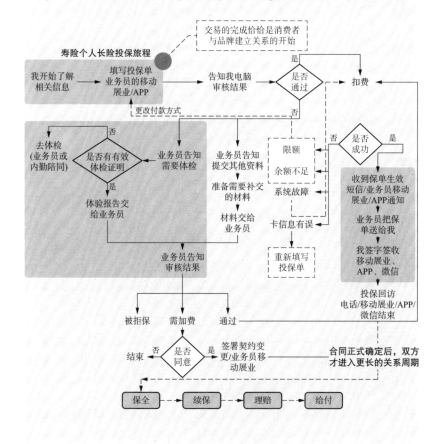

括呼叫中心、核保、核赔、支付等等。仅仅是呼叫中心一个部门,就可能有数千数万名员工,每天接通的客户电话可能高达几十万、几百万通。

相比快消行业,金融行业的客户旅程长得难以想象,也复杂得难以想象。在这么长的旅程中,任何一个环节的错误,都有可能带来客户贬损,甚至是流失。如果一个客户在投保三年内流失,就意味着保险公司在这个客户身上大概率会亏损。

正因为这些差别,金融行业必须比快消行业更重视客户体验,其特点是长旅程、弱传播、强体验,与快消行业的短旅程、强传播、弱体验恰恰相反。

金融科技——冲动激情和苦心经营,哪个都不能少

传统金融行业的客户体验管理已经够复杂了,但金融科技更复杂。

所谓金融科技,就是通过科技的手段提供各类金融服务。金融科技既可以是科技公司,尤其是互联网公司进入金融行业后新创造的业态,例如蚂蚁金服,也可以是传统金融企业通过科技手段改造自身,使其经营模式和服务模式更为科技化。金融科技并非一个行业,而是金融服务行业的一种新形态。

金融科技最显著的特征就是将传统的金融服务,如理财、贷款、支付等搬到 PC 端或移动端,在技术上则多以一个特定的 APP 为载体和介质,消费者通过这个特定的 APP 来满足自己的各种金融理财需求,例如平安好医生、平安金管家、招商银行的掌上生活、华泰证券的涨乐理财等。

金融科技融合了快消行业和金融行业的特点。

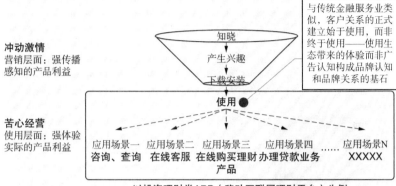

冲动激情
营销层面：强传播
感知的产品利益

知晓

产生兴趣

下载安装

与传统金融服务业类
似，客户关系的正式
建立始于使用，而非
终于使用——使用生
态带来的体验而非广
告认知构成品牌认知
和品牌关系的基石

使用 ●

苦心经营
使用层面：强体验
实际的产品利益

应用场景一　应用场景二　应用场景三　　应用场景四　……　应用场景N
咨询、查询　在线客服　在线购买理财办理贷款业务　　　XXXXX
　　　　　　　　　　产品

以投资理财类APP（移动互联网理财平台）为例

　　首先，金融科技和快消行业一样需要"强传播"。从服务的载体或介质看，传统金融行业更多地表现为随处可见的建筑物（网点、呼叫中心）、可接触的人员（业务人员），这些人与物不是一种抽象的存在。

　　但在金融科技领域，所有的载体都浓缩抽象成了一款手机里的 APP。我们需要去应用商店下载安装，然后激活，我们和服务提供商的接触互动被简化成了手机屏幕上的一次触摸。但更重要的是，在下载一款 APP 之前，我们首先必须知道这款 APP 的存在，否则我们就没有可能从成千上万的 APP 中选择它并将它安装在自己的手机端。这个过程有点像我们站在大卖场的货架前，面对琳琅满目的商品。如果我们没有听说过这个产品，大概率我们不会选择这个产品。因此，对金融科技公司来说，竞争的第一个环节就是让自己的目标用户知晓自己的品牌，并让他们产生使用的兴趣。

　　正是因为如此，金融科技公司比传统的金融企业更看重传播的力量。他们需要通过密集的广告投放和公关活动让自己的产品曝光，或者通过其他渠道实现大规模的引流。他们首先需要制造流量,没有流量,APP 就死了。在这一点上,金融科技的套路和快消行业有异曲同工之妙。

遗憾的是,虽然变得和快消行业一样重视强传播,但这并不表示金融科技就可以缩短客户旅程、弱化客户体验。

作为一款金融 APP,虽然能够实现将很多工作迁移到线上的目的,但是客户旅程并不能缩短。如果消费者在 APP 上购买了一款保险产品,即使从产品浏览到购买支付都能完全在线完成,可根据监管的要求,消费者仍然需要在线下完成所谓的"双录",如果是贷款产品,根据监管的要求还必须完成面签。传统金融行业客户旅程中涉及的几乎所有环节,仍然一个不能少。客户对体验的期望也并没有随着业务线上化而降低,他们照样高度关注、深度卷入,对服务的要求是有过之而无不及。

某种时候,金融科技的客户旅程甚至比传统金融的客户旅程还要长,还要复杂。某家小额贷款公司为了实现业务线上化移动化的目标,试图通过打造一个移动化平台(即一款 APP)将原来的线下业务全部迁移到线上。但实践证明,全部线上化是不可能完成的任务,而为了照顾忽而线上、忽而线下,又忽而线上的业务流程,他们不得不创造出一个全新的 O2O2O 的概念——Offline to Online to Offline + Online to Offline to Online。在这个 O2O2O 模式下,客户旅程比原来纯线下模式变得更为复杂,而且对渠道的协同与一致性提出了更高的要求。

因此,金融科技比纯粹的快消与传统金融行业都更为复杂,它是冲动激情和苦心经营一样都不能少——既要通过强传播在千军万马中杀出一条血路,还要在漫长的服务之路上提供一致、稳定、出色的客户体验。

第三章

避开体验管理的误区

虽然越来越多的企业都在谈论客户体验管理,并且也进行了各种尝试,但坊间仍然存在这一些误区。这些误区影响了体验管理的效果,其至产生了负面影响。概而言之,关于体验管理主要有以下四种误区。

第一节　错把用户体验 UX 当成客户体验 CX

在体验管理领域最常见的错误就是把用户体验等同于客户体验。用户体验在英文中称为 User Experience,缩写为 UX,客户体验在英文中为 Customer Experience,缩写为 CX。

用户体验最早发源于工业设计和软件设计,强调的是人机交互,研究的是产品和产品使用者之间的直接关系,例如外观的美观程度和软件的流畅程度等。围绕着用户体验,业界发展出了一整套极其完整的方法论和工具,例如现在大家都知道的用户画像(Persona)、服务生态、服务蓝图、产品框线图、产品原型(Prototype)等等。

而客户体验更多的是从企业服务流程出发,强调的是企业与客户之间的交互,研究的是企业与客户之间的关系,例如,怎样通过改善服务流程,减少客户获取产品或服务的难度;如何通过用心设计的市场活动,增强客户对企业的信任感和黏性。

用户体验管理改善的是产品性能,使产品更为好用;客户体验管理改善的是企业的整体服务能力，包括产品、服务、流程、渠道、营销宣传等等，它由一个又一个不同功能的软硬件系统和人员组织构成，最终改善的是客户与企业之间的情感关系。

两者存在交集。在很多时候，用户体验确实也同时是客户体验，尤其在现今高度数字化的时代，当我们在操作手机银行时，这款 APP 是否有合理的业务逻辑、美观的界面和流畅的操作，的确也构成了我们的客户体验。但用户体验聚焦在一个比较狭小而微观的领域，而客户体验则更为广阔而宏观。

我在华为工作的朋友曾经问过我一个问题——用户和客户到底是同一个概念还是不同的概念？于是我拿起我的华为手机，摘下腕上的华为手环，从裤兜里掏出华为耳机，然后问他——我是华为的用户还是华为的客户？

这个问题难倒了他。于是，我告诉他，在我的理解中，我是华为产品的用户，但我不是华为公司的客户。因为虽然我每天都在使用华为的各种产品，从手机到手环，然而与我发生关系的始终只是这些产品。华为作为一家公司，从来没有和我发生过任何实质性的直接交互，它不知道我对它的产品的看法，不知道我的喜好，也不知道我对它这家公司的看法；它不知道我什么时候可能会换手机，因此也永远不可能提前对我的换机行为进行干预，确保我的关注始终留在华为的产品家族中，并且不断地跟随它们升级自己的产品。我承认华为的产品一直都在进步，越来越好用、越来越漂亮。作为一个中国人，我也非常以华为为骄傲，但我们也必须承认，我和华为之间并没有建立起任何感情纽带——我在使用华为的产品，但我的的确确不是华为的客户。

如果我是华为的客户，那么华为就应该时不时地来倾听我关于它的看法，收集我的反馈，给予我有针对性的服务，甚至能提前预见我的需求并主动满足我，让我觉得它在把我当成一位独一无二的朋友来对待。然而，虽然它的产品越来越好用，但我和它的关系并没有任何进步。

当华为刚刚推出 Mate7 时，我一口气买了两个，一个自用，一个送给了朋友。虽然我买了两部华为手机，贡献了超过 7000 元的销售额，但华为并没有因此而给予我任何认可，我所获得的那一点点折扣也是从迪信通拿到的。

Mate7 是一款不错的手机，但随着安卓系统变得越来越卡顿，我渐渐减少了对它的使用。几乎有整整一年，我只用 Mate7 接打电话，所有和上网有关的事情我都用另一个 iPhone 来解决，原价3500 多元的华为旗舰产品 Mate7 在我手里已经沦落到和老年功能机差不多的地步。即使是这样，华为对我也仍然一无所知。

因此，我始终认为，我只是华为的用户，而不是华为的客户——我只和它的产品有关系，和这家公司没有关系。

当然，这个故事只是想说明用户和客户的差异，并不是对华为的批评。我也相信华为一直都在进步，我所遇到的这种问题应该已经在解决的路上了。

用户体验有时候又会被进一步窄化为产品质量，尤其是在制造型企业当中，这种现象更为普遍。如果用这种思想去指导用户体验管理，那么必然会带来很多混乱。如果再用质量管理的套路去管理客户体验，那可能就是一场灾难。

第二节　错把客服中心当成客户体验管理

很多时候，当我们一提到客户体验管理，很多企业第一时间就联想到自己的客服中心——在巨大的职场里，坐满了头戴耳麦的坐席人员,他们每天要接听和拨打成千上万的客户电话。难道还有人比他们更擅长客户体验管理吗?

但正如前面阐述的那样,客户体验管理是一个系统性工程,它不是任何一个单独的部门所能承载的。客户服务中心是客户体验管理的一个重要组成部分,但两者的性质全然不同。

客户服务中心或者称为呼叫中心、联络中心,其本质是企业的一个作业部门,其目标是保持客户与企业的沟通畅通无阻;而客户体验管理,其本质是企业的战略问题,其目标是留住客户、吸引客户。

如果不是站在这个角度看待客户服务中心,那么我们很有可能就会犯一系列的错误,例如,当客户投诉率上升时,我们将其归咎为客服中心的工作没有做到位;当客户流失率居高不下时,我们也将其归咎为客服中心的工作没有做到位;可是当销售额提升、客户数增加,我们又会认为这都是销售部门的功劳,与客服部门没有任何关系。

带着这样的思想,我们关于客户体验管理的所有措施都将是割裂的、不成体系的、无机的。最终不仅不能创造良好的客户体验,反而制造了很多部门之间的冲突与矛盾。

第三节 错把满意度调研当成客户体验管理

应该没有什么人不知道客户满意度调研。最典型的客户满意度调研流程是:选择要调研的目标客户,然后根据客户类型进行抽样,设计问卷,再然后通过各种方式邀请客户填写问卷、回收数据、完成分析、撰写报告。

满意度调研可以有不同的说法或者使用不同的问法与量表,

例如满意度、忠诚度、净推荐值（NPS），也可以将几个不同的问题通过加权或其他方法标准化为一个指数。

但无论满意度调研被称为什么，满意度调研不是客户体验管理，理由有三。

第一，满意度调研仍然不是一个系统性的工程。它是一个战术动作，而不是一个战略体系。

第二，满意度调研只能反映阶段性的客户体验情况。就好像照 X 光，拍完片子我们知道自己某个局部有结节，但这个结节是由什么因素在什么时候导致的，我们一无所知。我们不能回溯病灶形成的过程，更不能在病灶形成过程中就对自己进行即时干预，避免病情的发展。

第三，满意度调研无法落地。传统的满意度调研最终的交付物通常只是一份报告。这份报告既无法实际改变任何员工的思想，更无法重新塑造新的行为模式。毕竟满意度调研只是一个基于问卷的抽样调查，我们可以得到一些发现，但这些发现对管理客户体验其实无能为力。

行为心理学告诉我们，人类的心理状况其实是通过外在行为改变的。最典型的例子是，当我们进入到一个干净整洁的环境，我们很自然就会收敛自己的行为，不会随地吐痰、乱扔垃圾。可如果我们来到了一个污秽肮脏的地方，哪怕我们本来是一个非常讲究的人，在这样的环境下，我们也会变得漫不经心、行为粗鄙。这就是外在环境对人的行为和心理的塑造。行为心理学的另一个实验证明，如果我们想改变自己的心情，想让自己变得快乐，那么不管现在我们是开心还是不开心，我们只要有意地嘴角上扬，让脸部肌肉保持微笑时的状态，用不了太久，我们的心情就真的会得到改善。

换言之,如果没有任何东西将我们的行为固定下来,使之成为日常习惯,那么,即使我们再怎么想提高客户体验、让客户感到满意,我们也不可能做到。只能输出 PPT 报告的传统满意度调研,只能提供一些资讯和发现,而无法改变并固化我们的行为。因此,从这个意义上说,传统满意度调研是无法落地的。

第四节　错把 CRM 当成客户体验管理

很多企业认为客户关系管理就是客户体验管理。这是一个更为严重的误区。传统的客户关系管理(CRM)是从销售的接触管理系统(Contact Management)发展过来的。所谓接触管理,其实就是销售人员和客户、潜在客户的接触情况的记录,例如拜访了多少客户、拜访情况如何、多少客户有潜在意向、多少客户进入了提案报价阶段、多少客户完成了签约、金额是多少等。

现在的 CRM 系统功能已比早年的接触管理系统完善了许多,例如增强了客户信息管理功能,可以记录更详细的客户信息,还可以针对不同的客户设计和实施不同的营销活动并记录客户的反馈,很多 CRM 系统也能够进行一定程度的数据分析,以判断哪类客户更容易成交、哪一类营销活动更有效。但 CRM 系统本质上仍然是一个销售管理工具,它的使用者是销售人员,受益者是企业老板。

美国哥伦比亚大学商学院教授伯恩德·施密特在其著名的《体验营销》一书中有一段关于 CRM 的评论。他认为虽然 CRM 叫作 CRM——客户关系管理,但其实并没有在管理客户关系。CRM 系统收集的数据仍然是纯粹的交易额和交易方式,例如,顾客在什么时候什么地点购买了什么产品,销售人员在什么时候与顾客进行了接触……CRM记录的是对公司来说很重要的信息,但是没有建立与顾客的情感联系,除了产品性能,其他的需求被忽视了,顾客反馈通常也没有被记录在内。因此,尽管名字很吸引人,但客户关系管理并不管理与客户的关系。

为什么说CRM需要和CEM结合，才能建立真正的客户关系？[①]

客户体验管理（CEM）这个概念的出现差不多有十多年了，但在绝大多数企业尚未得到具体的应用，因而在很多人心目中，CEM仍然只是一个含混不清的概念。

鉴于CEM和CRM之间的密切联系，比较一下CRM与CEM的区别，可以让大家更清晰地理解CEM。

想象一个场景，假设一个企业只有CRM系统，当一个顾客打电话进来投诉，客服人员通过CRM系统识别到他的身份，可以了解到他的地址、年龄，上个月买了些什么，这些信息为客服人员与客户的沟通提供了一些背景，但这些信息尚不足以让客服人员知道该如何与客户沟通。

假设这个企业同时有CEM系统，情况就会很不一样：客服人员会发现客户以往是怎样评价这个企业的，喜欢什么样的产品和服务，是否有流失的风险，并且会看到系统给出的沟通策略——是该给客户一个补偿，还是一个真诚的道歉就可以解决问题？

CEM和CRM有些什么区别呢？下面是我们总结的一些关键区别：

	CRM	CEM
所存储的数据	客户的联系信息和消费信息等硬数据	客户对品牌和产品服务的感知和评价等软数据，包括他们的需求，以及对企业表现的评价

[①]　本文作者为占向东，观山科技副总裁。

	CRM	CEM
关注点	销售导向：着眼于企业想要实现的销售目标，如交叉销售、升级销售等	客户导向：着眼于如何为客户创造价值
理性 VS 感性	更偏理性：倾向于将顾客简化成一些数字和事实的结合，以便计算未来的销售机会	考虑情感：致力于在 CRM 中加入人性因素，对客户形成更全面的了解，从而获得更好的客户洞察
短期 VS 长期	聚焦于企业短期收益最大化	致力于创造最好的客户体验，以支持企业长期的客户战略

应该说，CEM 和 CRM 各有侧重，企业需要将两者结合起来，如果仅有 CRM，将可能变得短视（只关注短期收入目标），从而在企业的长期发展上付出代价，乐购就是一个典型的例子。

乐购总部位于英国，是全球三大超市集团之一，曾经因为率先在零售行业应用 CRM 而获得高速增长，后来也因为单纯依赖 CRM 而衰落。

早在 1995 年，乐购就在零售行业推出了会员卡（Clubcard），开始实施忠诚度计划。

在推出会员卡之前，乐购的 POS 系统拥有大量的商品销售信息（有多少商品以什么价格在哪家店被销售出去），但却没有任何有关消费者的信息。

在第一次关于 Clubcard 的会议上，项目负责人这样描述乐购所面临的挑战：我妈妈每周在乐购有两次购物，每次花费 20 英镑，每年在乐购花费 2000 英镑，但是乐购不知道她是谁，住在哪里，她喜欢什么，实际上乐购对我妈妈一无所知。她对于乐购来说只是一个平均数。如果我妈妈决定去其他地方购买这些日用品,乐购能做什么？什么也做不了。

推出 Clubcard 后,持卡人在收银台结账时,出示 Clubcard 就能获得消费奖励(消费金额的 1%,每季度以现金抵扣券的方式返给消费者),乐购由此掌握了大量顾客的购买习惯信息。正如参与 Clubcard 设计的邓韩贝(dunnhumby)公司总裁克莱夫(clive Humby)所说:"我敢说,乐购拥有英国最好、最准确的消费者数据库,我们知道有多少英国家庭每周花 12 英镑买水果,知道哪个家庭喜欢香蕉,哪个家庭喜欢菠萝。"

零售业的会员卡早已有之,但是乐购与其他零售商最大的不同在于对会员卡所收集信息的运用。

乐购对于会员信息的运用包括:

(1) **基于市场细分的促销沟通**:乐购每年四次通过直邮的方式将给消费者的奖励寄送到消费者家中。在高峰时,乐购的直邮信件数量占全英所有信件的 6%。在推出 Clubcard 之前,乐购是英国最大的电视广告主之一,但后来乐购主要通过直邮与顾客沟通,1995 年圣诞季乐购业绩大增,但乐购却未投一分钱的电视广告。

乐购之所以能够削减电视广告,主要通过直邮与顾客沟通,是因为乐购基于数据对顾客进行了市场细分,从而可以与顾客实现更有针对性的沟通。

乐购认为"人如其购"(People are what they buy),从消费者购买的产品种类及频次,可以推断出消费者的生活形态和价值观,比如经常购买有机食品的人,可能是注重健康的高收入人群。

因此乐购基于消费者的购物行为,将消费者分为 27 个细分群体。针对每个群体,寄送与其购物需求相匹配的抵扣券。

（2）**品类选择**：之前乐购各门店的品类基本是一样的，有了数据之后，乐购就可以基于每家门店的顾客偏好来决定每个门店所销售的品类。

（3）**定价**：零售行业一直在打价格战，之前乐购只能跟进竞争对手的降价行为：竞争对手的卫生纸降价，乐购也相应降价。拥有了数据之后，乐购就能知道数百万顾客中哪些顾客最关心折扣，以及他们最希望哪些商品降价，由此乐购就可以进行更高效的价格调整。

（4）**库存管理**：基于历史销售数据和天气数据的库存管理系统可以预测每类产品的销售，由此每年可节省一亿英镑的库存费用。

（5）**快速评估和调整**：Clubcard是一个巨大的顾客行为实验室。零售商们一直在用价格和品类做实验，看看什么因素能促进销售。现在乐购能够在任何一家店准确测量出调整价格或品类的效果：如果有什么做错了，乐购几天内就知道了；如果有什么措施行之有效，乐购在数周内就可以把好的做法推广到全国。

应该说，乐购在20多年前对数据的应用水平，至今还有很多企业都没做到，也正因此，乐购的Clubcard被商业媒体认为是"最善于使用客户数据的忠诚度计划"，乐购也被认为是数据驱动的先锋和典范。

乐购会员卡计划本质上就是CRM系统，这一CRM系统的应用对于乐购的业务发展起到了巨大的推动作用，乐购在英国的市场份额能由1995年的16%提高到2003年的27%，乐购会员卡计划这一CRM系统功不可没。

然而，单纯依赖 CRM 系统，也导致了乐购后来的衰落。

2012 年财年乐购营业利润同比下滑 13⅕ 至 34.5 亿英镑，为近 20 年来乐购首次年度利润下滑，随后连续三年利润下滑，乃至投资了乐购的沃伦·巴菲特都公开道歉：“我在投资乐购上犯了错误，这是我犯的一个巨大错误。”

英国知名媒体《卫报》记者 2012 年 4 月曾在推特上发起一个讨论：为什么我们不再爱乐购？很多顾客积极参与讨论，大家吐槽最多的是乐购糟糕的客户服务、年久失修的零售店面、虚高的产品价格等。

2013 年初，在由 11000 多名消费者参与的在线调查中，乐购被评为英国最糟糕的超市，在客户服务、价格以及产品质量等方面得分均很低。

乐购的衰落原因错综复杂，包括电商的兴起、消费者需求的变化、全球化战略失误（先后在美国和中国市场遭遇失败）等等，而其中最重要的一点是 2012 年 4 月时任乐购 CEO 菲利普·克拉克所说的：**多年以来，乐购锱铢必较地追逐利润，导致乐购已经离顾客有点太远了。**

回顾一下乐购会员卡计划的运作模式，可以发现乐购对数据的最主要应用就是销售，无论是针对市场细分的促销沟通，还是价格、品类调整，所有的努力都指向短期销售收入最大化。

在前面比较 CRM 与 CEM 的区别时，我们就谈到，以销售为导向，看重短期利益，正是 CRM 的典型特征。

正是由于这种销售导向和看重短期利益，让“乐购离顾客有点太远了”，结果被越来越多的顾客抛弃，乐购的衰落也就不可避免了。

乐购的启示

如果企业只有 CRM,没有 CEM,则 CRM 会变成 Customer Revenue Management,很难建立起真正的客户关系,主要原因有两个:

1. 没有 CEM,企业将缺失关于客户需求的关键信息

乐购号称拥有"全英国最好最准确的顾客信息",这句话也许是对的,乐购的 CRM 里准确记录了大量的顾客交易数据,但乐购的顾客数据库并不完整,缺失了另一个关键维度的信息:客户在与乐购交易过程中有哪些感受? 有哪些需求未被满足? 这决定了乐购对于客户的了解是片面的,基于此很难做出正确的决策。

现在越来越多开车的朋友已经抛弃了汽车自带的导航,在使用高德或百度等手机导航,原因在于汽车导航只有地理信息,而手机导航多了一个路况信息,因而可以给出更为精准的出行路线建议,多一个信息维度,就可以给出更精准的决策建议。

CEM 可以帮助企业实现客户洞察的维度升级,自然可以在更高维度构建客户关系。

2. 没有 CEM,意味着企业客户战略的缺失

现在很多企业都在强调以客户为中心,中小企业的客户数量有限,触点不多,没有 CEM 或许不是很大问题,但很难想象,一家大型企业,比如一家有众多分支机构、数千万客户的金融机构,没有 CEM 系统,如何落实以客户为中心的战略。

实际上,CEM 是企业落地以客户为中心战略的重要管理抓手,没有 CEM,往往意味着企业以客户为中心的战略还只是停留在口头上,只是做出一个姿态,并没有落实这一战略的决心。

企业需要将 CRM 和 CEM 结合起来,以实现硬数据(行为数据、交易数据等)和软数据(情感需求)的平衡,客户视角(为客户创造价值)与企业视角(获取利润)的平衡,短期利益和长期发展的平衡。

第四章

拥抱体验管理新思想

虽然体验管理日益深入人心,但遗憾的是在几乎长达十五年的时间里相关的基础理论始终付诸阙如。回望历史,中国市场上第一次出现体验管理的思想是2002年从美国引进由约瑟夫·派恩和詹姆斯·吉尔摩所著的《体验经济》一书。

　　《体验经济》一书最大的成就是第一次以浅显易懂的方式揭示了全球经济即将进入以体验为中心的新时代这一事实,引起了大家对客户体验的普遍重视。另一个成就是提出了"工作即剧场"的理念,重新定义了"工作"、定义了"管理"——派恩和吉尔摩认为,在体验经济中,所有直接被消费者接触到的活动都必须被理解为戏剧。因此,企业要根据所从事的业务来策划相应的"剧情主题",并严格按照剧情的需要让每个员工、流程、触点都有意识地进行完全符合剧情主题的行为表演。

　　既然工作就是剧场,那么所有的公司——作为这场特殊戏剧的导演,需要回答以下问题:

　　在这个舞台上应该演什么?怎样才是一出引人入胜的戏剧?例如,百货商店的员工,应该怎样使用充满活力和令人愉快的词句,应该怎样在经手信用卡和钞票时展现自己的动作,应该使用什么样的眼神?

　　情节如何展开,从哪里开始,在哪里达到高潮,在哪里结束?换句话说,就是工作活动应该如何安排,例如一次销售拜访,应该是与客户的秘书约好,还是在门口等待?因为不同的起点或开场方式会带来不同的剧情设计。而会谈的过程、主题应该按什么样的顺序展开？怎样才能使整个事件或曰演出的感染力更加丰富？这一系列"演出"场景必须精妙地衔接在一起，以确保会面能顺利达到高潮。

"工作即剧场"是一个非常好的理念，《体验经济》一书也给出了很多实际的例子，最典型也最耳熟能详的是迪士尼，作为一个提供"快乐"的主题乐园，迪士尼完美地诠释了什么叫"工作即剧场"。

但时至今日，中国社会已经发生了翻天覆地的变化，整个社会的数字化程度已远非当年所能比拟。2002年的中国，互联网还远未普及，大多数人使用的还是今天被称为老人机的功能手机，用手机上网对绝大多数人来说还是一件极其遥远的事情。可今天，智能手机已经高度普及，越来越多的工作和生活迁移到了互联网，尤其是互联网上，消费者关于体验的期望、行为模式早已发生了翻天覆地的改变。但在这么长的时间里，我们一直缺少一本能继续引领大家前进的理论著作。这不能不说是一个遗憾。

随着越来越多的企业认识到客户体验管理的重要性并投身于探索与实践，围绕着体验管理开始出现了一些全新的思想。

第一节　超级体验不是用来看的——体验管理和价值创造要同步

关于客户体验管理的认识其实经历了三个主要阶段（图4-1）。

第一个阶段：测量

这是一个非常漫长的阶段。即使是时至今日，很多企业关于

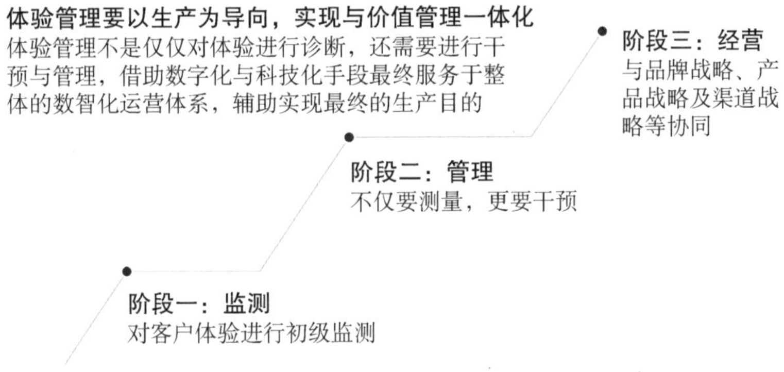

体验管理要以生产为导向，实现与价值管理一体化
体验管理不是仅仅对体验进行诊断，还需要进行干
预与管理，借助数字化与科技化手段最终服务于整
体的数智化运营体系，辅助实现最终的生产目的

阶段三：经营
与品牌战略、产
品战略及渠道战
略等协同

阶段二：管理
不仅要测量，更要干预

阶段一：监测
对客户体验进行初级监测

图 4-1　客户体验管理的三个阶段

客户体验管理的认识也仍然停留在这个阶段。而所谓测量就是通
过各种手段对客户体验进行评估与衡量，以了解客户体验的好坏。
在这个阶段，最主要的手段就是大家都非常熟悉的满意度调研。
当然，严格意义上满意度调研应该被称为客户体验调研，因为满意
度调研只是客户体验调研中的一种类型。但考虑到满意度调研是
最为普及也最容易被理解的概念，我们还是沿袭一般的叫法，将客
户体验调研简单称为满意度调研。

　　客户满意度调研本身也发生过三次较大的变化或曰迭代。第
一次是从纯粹的满意度测量转向忠诚度测量，第二次是从忠诚度
测量转向综合性测量，第三次是从综合性测量转向推荐度测量。

　　之所以会从满意度测量转向忠诚度测量，是因为很多企业发
现满意的客户不一定忠诚，用现在的话说，就是有许多客户乐衷于
薅企业的羊毛，从企业那里得到了很多好处，也很满意，但并没有
行为上的忠诚。例如，早年信用卡机构发卡时，为了吸引申请者，
拼命地送促销礼品，从乐扣乐扣到床上四件套不一而足，但这些申
请者一旦拿到了礼品，就销掉了卡片或者根本不激活。再比如消
费品行业，消费者也许通过各种渠道获得了试用的洗发水、沐浴

露、咖啡、饮料,但试用并没有带来转化,更没有带来重复消费。这些得到了好处的消费者在满意度调研中表现得非常满意,但他们对企业没有任何忠诚度可言,不会为企业创造真正的价值。

在这样的背景下,企业感到仅仅测量客户满意度不能反映客户的价值,而忠诚度指标对企业也许更有意义。但企业很快就发现,自己的客户当中其实存在着这么一类客户——他们在行为上对企业非常忠诚,从来不转换品牌,但是他们非常不满意。这群客户四处散播关于企业的负面口碑,对身边的人产生非常消极的影响。例如,某些用户因为单位工资卡的缘故而申请了同一家银行的信用卡,以图还款的方便,但他们对所使用的信用卡的其他各种服务都非常不满意。从行为上看,他们对所使用的信用卡品牌非常忠诚,但从态度上看,他们非常不满意。也就是说,忠诚和满意是可以相悖的。

这个发现使企业认识到客户体验和客户关系其实远比单纯的满意度或忠诚度要复杂得多,仅仅依靠某个单一指标就想准确地反映客户体验和客户关系,会发生以偏概全的问题,甚至带来比较严重的误导。

于是一些研究咨询机构开发了一系列的综合指标模型。在一个综合指标模型中,可能会同时包含几道不同的问题,如:你是否满意、你是否会向他人推荐自己正在使用的品牌、你是否会继续使用或购买正在使用的品牌等等,然后赋予不同的权重,最后算出一个标准化的综合指标,以此来衡量客户体验。

但综合性指标模型带来了另一个挑战——那就是过于复杂,而且很多时候不同问题的权重是主观赋权,容易招致挑战。

最后出现的是由贝恩咨询公司提出的 NPS 净推荐值模型。NPS 模型的算法(图 4 - 2)非常简单,即在 100 个被调查的客户当中,用愿意推荐你的客户比例减去不愿意推荐你的客户比例,得到一个值,这个值就被称为净推荐值(Net Promoter Score)。

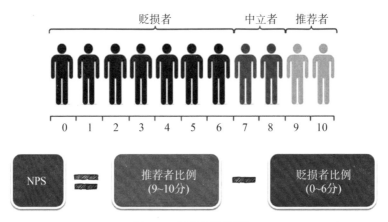

图 4-2　NPS 模型的算法

　　NPS 模型——如果可以称为模型的话,存在一些比较严重的缺陷。首先究竟谁是推荐者、谁是不推荐者(贝恩将其命名为贬损者)、谁是中立者,其实是相当主观的判断。NPS 模型采用 11 分量表,最低为 0 分,最高为 10 分,贝恩主观地将 9~10 分认定为推荐者,0~6 分为贬损者,7~8 分为中立者。但事实上,在调研过程中,由于 11 分量表实在是太多了,完全没有办法对每一个分值给予明确的定义,因此被访者在填写答案时,每个人心中关于这个分值所代表的含义很有可能是不一样的,比如打 6 分的消费者心中可能认为自己是愿意推荐这家企业的,但在贝恩的定义里,6 分被认定为贬损者。这带来了 NPS 模型的第二个问题,那就是 NPS 分值波动非常大,每一期的测量结果都有可能和上一次完全不一样,甚至会出现完全不符合常识的情况。例如,曾经就有一家车险企业委托某研究公司使用 NPS 模型对客户体验进行测量,结果发现 NPS 值最高的是一家名不见经传的小企业,而行业内的三巨头都严重落后于这家企业。

但 NPS 模型也有着显而易见的优势。

首先是非常容易理解，尤其是对企业高管来说是这样——一个不满意的客户肯定不会推荐，而一旦愿意推荐，就意味着做好了对自己的推荐负责任的准备，因此从逻辑上讲，推荐是一个更为理性的过程。企业高管没有时间去理解过于复杂的模型，即便它们可能真的更科学也更稳定，而 NPS 够简单，也够有逻辑。

第二，客户是否愿意推荐比客户是否满意更被企业高管关注。推荐意味着获客、意味着业绩的增长，而满意和获客之间在直觉上只存在间接的关联，而领导都更喜欢和业绩相关的指标。

第三，NPS 本身是一个非常简短有力的符号。NPS 只有三个通用字母，容易记、容易读，中文的"满意度调研"、英文的"Customer Satisfaction"，或者任何一家公司自创的模型名称，都过于复杂了。就这样，NPS 征服了市场，成为了目前最为流行的客户满意度或客户体验测量模型。

以上是满意度调研的三次重大迭代。但无论这些调研被命名为什么——满意度也好，忠诚度也好，或者是 NPS，其本质都没有改变，它们仍然是传统的调研。

第二个阶段：实时干预

传统调研的局限性在于，它是一个向后看的动作，它能告诉你现在在哪里，却无法告诉你为什么你会到这里，也无法使你在过程中及时干预和调整方向。企业希望能进入到客户体验形成的过程中，知道在什么样的场景下，自己做了什么样的事情会带来满意的或不满意的客户体验，然后可以在第一时间对做错的部分进行修正，及时挽回不良体验，从而确保客户体验始终在正确的轨道上。

然而,基于抽样统计的传统满意度调研是游离于业务场景之外的,它更像是一次外部的体检,而不是企业生产过程中持续不断的传感器。它是一次心电图检查,但现在企业想要的是 24 小时动态心电记录盒加随时可以服用的救心丸。

　　传统的满意度调研无法实现这些目标。幸运的是,随着数字化技术的发展和应用,收集客户的反馈已经变得不是那么困难了。于是客户体验实时监测系统(图 4-3)应运而生了。

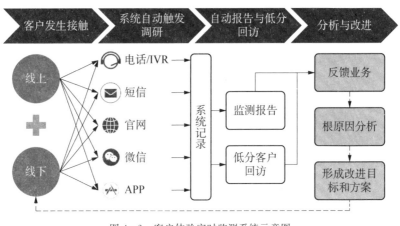

图 4-3　客户体验实时监测系统示意图

　　所谓客户体验实时监测系统,就是先对客户旅程进行梳理,选出关键的客户触点,然后通过数字化系统,对这些触点上发生的所有或部分客户互动质量进行实时监测,一旦发现客户不满意,则立即对不满意的客户进行干预,了解不满意的原因并即时做出改善和安抚,从而避免可能发生的口碑贬损和流失。例如,我们为某家金融集团搭建的客户体验实时监测系统每天能监测不同触点上发生的几万次客户互动,并即时触发回访机制,挽回 40% 的贬损客户。

　　客户体验实时监测系统,利用科技完成了传统满意度调研无法完成的任务。它第一次使企业有能力对客户体验进行实时的检测，也第一次使企业有能力对生产和服务过程中的客户体验进行实时的干预。如果将传统满意度比作费时费力的年度体检，那么客户体验实时检测系统就是 24 小时不离身的可穿戴设备——企业可以随时随地掌握自己的"心率""血压""睡眠情况"，并及时调整生活作息。

第三个阶段：客户经营

客户体验实时监测系统颠覆了企业测量客户体验的方式，也赋予了企业实时干预客户体验的能力。但企业逐渐意识到客户体验管理的最终目的仍然是创造价值。如果花费巨资建立了一个完整的客户体验管理体系，却没有带来更多的客户，也没有创造更多的价值，那么这个客户体验管理体系即使再完备、再先进，也不是企业真正想要的东西。

企业希望通过体系化的客户体验管理，能识别每一位客户，了解他们的需求、态度、习惯、对企业的评价和情感，并且能根据这些特点，智能化地匹配相应的产品和服务支持，从而建立起一对一的客户关系，并使双方都能从这种长久密切的关系中获得最大的收益。

换言之，客户体验管理进化到最后，就是客户关系管理、客户价值经营。客户体验管理如果是一个系统，那么这个系统应该是生产力系统，它能直接为企业带来价值，而不是一个只会站在旁边告诉你这里有病那里有病，却无法为你开药方和施行手术的医生。客户经营是客户体验管理的终极目标和最高阶段。

第二节　交互型体验和关系型体验要分开测量

客户体验管理的第二个新思想是交互型客户体验。交互型客户体验是相对于关系型客户体验而存在的。

所谓关系型客户体验指的是客户经过一段时间的交互，对一家企业所形成的整体层面的印象和认知，即客户通过多次的交易和互动，获得对企业的整体印象和认识，并产生深层次的情感记忆，这是一个关系性的沉淀。传统的满意度调研测量的就是关系型客户体验。

而交互型客户体验指的是客户因为某一特定的交易和企业发生单次的互动，并因为这一次互动，对企业所提供的服务所产生的即时性的认知与感受。交互型体验发生在每一次具体的业务场景中，发生在具体的客户触点里，而关系型体验是交互型体验累积的结果。

这就好比两个人每一次见面，彼此都会留下关于对方的印象，随着见面次数的增加，这些印象逐渐就形成了关于彼此的整体认识——这是一个性格文静的人，还是一个活泼好动的人；这是一个靠谱的人，还是一个不太靠谱的人；这是一个有担当、有勇气的人，还是一个唯唯诺诺、缺乏主见和原则的人……诸如此类。每一次见面所产生的印象，就是交互型体验，而最终形成的整体认识，就是关系型体验。

关系型客户体验可以帮助我们进行全局性的诊断，帮助我们判断客户体验和客户关系的宏观趋势，它往往是整体性、集合性的。而交互型客户体验是在特定触点上的体验，它是短暂的、即时的、微观的，是和作业流程直接相关的。

关系型体验测量的是整体，无法进行个体层面的管控和干预，但交互型客户体验使企业有机会对客户关系进行真正意义上的一对一管理，也可以对客户旅程进行真正意义上的端到端管理（图4-4）。相比关系型客户体验，这是一个巨大的质变。

对交互型体验进行监测，使我们能够画出每一位客户的接触

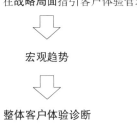
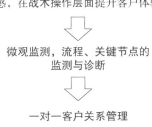

关系型客户体验	交互型客户体验
是**所有触点体验**的集合和沉淀	是特定触点上的体验
是**长时期**的印象和感知	是短暂的感知和印象
与**所有流程**、营销活动、品牌广告有关	与作业流程直接相关
用于全局性诊断，寻找客户体验形成的根本原因，在**战略局面**指引客户体验管理	用于快速弥补过失、恢复和维护好感，在战术操作层面提升客户体验
宏观趋势	微观监测，流程、关键节点的监测与诊断
整体客户体验诊断	一对一客户关系管理

图 4-4　两类客户体验的作用

史与体验史，而这可以用来构建更为庞大而精准的客户画像，从而提高客户经营的效率和产出。

以酒店业为例。很多酒店都会做所谓的宾客满意度调研。通常，酒店客户的关键旅程会包括办理入住、客房、客房服务、餐厅等，好点的酒店还会有健身房或泳池。而会务型客人还会接触到多功能厅和会务服务等。

基于交互型体验，我们可以画一个非常完美的客户旅程——入住、客房、客房服务、餐厅、健身房、会议室……如果我们可以完整监测同一位客户在每一段旅程上的体验，收集客户在每个触点上的反馈和独特需求，那就意味着我们可以画出每一位客户端到端的交互体验曲线，并进而画出每一位客户的精准画像。这些细节可能是任何一家酒店都梦寐以求的信息。

第三节　体验大数据和运营大数据一样重要

体验数据并不是什么新概念。很多年前就已经有客户软数据的提法。所谓客户软数据，是相对于客户硬数据的存在。软和硬都是一种比喻。硬数据通常指的是客户的基本属性，例如性别、年龄、职业、收入、曾经购买的产品、购买的频率、购买的时间点等等，这些数据一般都存储在传统的 CRM 系统中，因此也可以被称为运营数据。软数据则通常指与态度、价值观、生活方式等有关的数据。硬数据和软数据有时候又分别被称为行为数据（behavioral data）和态度数据（attitudinal data）。

体验数据可以看作软数据和态度数据的延伸。所谓体验数据，当然首先包括所有和体验相关的一手数据，例如满意度调研、忠诚度调研、NPS 调研所获得的数据，无论是关系型体验调研还是交互型体验监测（如客户体验实时监测）。

除此之外，在原来的所谓运营或作业数据中也隐含着大量与体验相关的数据。例如，你的呼叫中心给某位客户拨打电话，但是这个客户反复地掐掉电话，拒不接听。虽然你可能不知道他究竟是太忙、不方便还是什么其他原因，但你仍然可以从他的行为中感受得到这位客户对与你们公司保持沟通并不是太感兴趣。或者，你通过后台数据发现某一位客户反复地登录你们的网站，但始终没有通过验证。以前我们可能会认为这是客户自身的问题——他或者输错了用户名，或者是输错了密码，但如果换一个角度——当一个客户想与你发生关联，我们却对他遇到的困难视而不见，难道不也是一个体验问题吗？我们难道不应该在发现这种情况时，立即对他提供帮助和支持吗？但很多时候，我们的系统只会记录一些干巴巴的数据,例如第一个例子里我们只记录拨打时间、频率、接通结果,在第二个例子里则只记录客户登录的时间点、次数、失败的次数,甚至在失败次数超过某个阈值时出于所谓的安全政策关掉这个客户的账号,给客户带来更多的烦恼,而不会将这一连串运营数据翻译成体验数据——这个客户对我们可能心存不满,我们需要尽快予以安抚和挽回,或者这个客户在联络我们时遇到了困难,他需要我们尽快提供帮助和支持!

　　如果我们要和一个人长时间地在一起生活,那么我们是和这个人的"心"一起生活,而不仅仅是他的躯体。不走心的关系是囚禁,必然会带来反抗与背叛,而走心的关系带来的是"心悦诚服"、是"忠心耿耿"、是"执子之手与子偕老"的悠长浪漫。如果说运营数据使我们掌握了客户的基本情况,例如身高、体重,那么体验数据就反映了客户的"心"——他们对我们的情感(图 4-5)。只关心运营和作业数据,使企业变得像冰冷的机器,而这也是大多数企业面临的问题,但有感情、有黏度才是一切客户关系的最终目标。

图 4-5　体验数据和运营数据同等重要

2008 年格鲁吉亚战争,俄罗斯被击落了八架战斗机,损失惨重。这八架战斗机之所以被击落,是因为俄罗斯的导航系统 GLONASS 只有 13 颗定位卫星,无法覆盖格鲁吉亚。因此,当战斗机进入格鲁吉亚境内,就等于是在盲飞。坐在驾驶舱里的飞行员其实一点也不缺"运营数据"——飞机上有许多精密的仪表盘,可以随时告诉他目前飞机的高度、油量、气压等等,但是他失去了目标和方向。

如果我们把企业也比作战斗机,如果我们只有运营数据而没有体验数据,那么我们就是俄罗斯战斗机上的飞行员——我们拥有各式各样的运营数据,我们知道今天有多少客户给我们的热线打了电话、有多少客户购买或赎回了产品,但我们不知道自己正在飞向何方。也许我们正在飞往死亡陷阱,即将被击落,但我们对此一无所知。

第四节　用户体验 UX 和客户体验 CX 要相互融合

前面已经阐释过用户体验和客户体验的差异,用户体验主要解决人机交互问题,客户体验主要解决客企交互问题。在数字化程度比较低的时候,用户体验和客户体验基本可以看作两个独立的领域,彼此之间井水不犯河水。但在一个数字化程度越来越高的时代,两者日益趋向于融合。

现在的客企交互越来越多的发生在线上——金融行业的 ATM、手机银行、网络银行、智慧银行,非金融行业的电商渠道……业务越来越数字化,流程越来越虚拟化,这些带来了两个变化:第一个变化是用户体验渐渐成为了客户体验的一个重要组成部分,第二个变化是用户体验被业务化了。

第一个变化很容易理解,既然有越来越多的数字化设备被采用,那这些数字化设备的使用体验会对客户体验产生直接影响是不言而喻的事情。当我们的客户在使用这些数字设备时,他们既是用户,也是客户。第二个变化则相对间接一些。在以前,用户体验主要解决的是人对机器的操作问题,例如汽车座椅的支撑性和舒适性、刹车踏板的力量和行程、挡位的清晰程度,手机的外观、重量、大小、电池容量,本质上都属于机器操作和使用的范畴。这些问题是相对独立的、聚焦的,基本局限于机器本身。可是当业务开始数字化,所有被纳入这个数字化进程的硬件和软件设计,都必须首先满足业务流程的要求。

也就是说,这些软硬件的用户体验设计,必须先从客户体验设计出发——我们到底要向客户提供怎样的客企交互体验?只有确定了客户体验的主题,我们才能确定业务逻辑和业务流程。只有确定了业务逻辑和业务流程,我们才能开始考虑这个流程中所涉及的软硬件的使用体验和使用流程。

比如某公司的定位是"专业让生活更简单",这个可以视为该公司对其提供的客企交互体验的承诺。可在消费者心目中,究竟什么是专业、什么是简单呢?消费者研究表明,要实现这样的客企交互体验,必须有几类不同的载体,例如:

• 基础载体。基础载体包括保障客户资产与个人信息的安全与私密、遵循统一的服务标准和高品质的细节服务。

• 技术载体。技术载体包括提供综合化一站式服务、先进的信息化服务,也就是综合化和科技化。

• 产品载体。产品或服务必须有所专注、具有特色,能差异化。

具体到安全与私密,消费者则希望其电子渠道能提供更安全的验证及操作方式,例如使用指纹、虹膜、脸部识别等先进技术进行身份验证,保障任何情况下客户信息都是安全的,不会被盗取。具体到科技化,消费者则希望企业能通过一个统一账号识别自己,自己可以通过这个统一账号进行跨业务,甚至是跨机构的业务查询和管理,同时在不同终端上实现信息的完全同步和实时共享,从而保持体验的连贯性和一致性,减少反复操作的情况。

但首先,这些载体或者说这些技术和工具,需要用一种符合逻辑的顺序和方式组合到一起,以创造出一个能有效传递"专业让生活更简单"的客企交互体验的业务流程,然后再针对每一种技术、工具进行专门的设计与调整,使之即使是作为一个独立的单体设备或系统,也能有效传递"专业让生活更简单"的客户体验。在这里,用户体验是为业务流程服务的,业务流程是为最终的客户体验服务的。用户体验已经成为客户体验的一个有机部分,而且完全融入到了业务流程之中,用户体验不再是一个孤立的存在,只是为了解决一个独立的设备或工具的使用问题。

线上线下的融合(OMO)加快了用户体验和客户体验的融合(图4-6)。因此,在不久的将来,也许我们不再单独使用用户体验(UX)和客户体验(CX)两个单词,而开始使用一个全新的单词——用客户体验(UCX)。

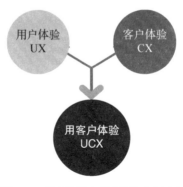

图4-6　用户体验和客户体验趋向融合

第五章

用数智化把超级体验变成超级生产力

前面四章重点阐释了什么是客户体验，客户体验管理为什么越来越重要，在存量经济模式下企业的经营模式发生了怎样的变化，以及围绕体验管理出现了哪些新思想，但新时代的客户体验管理究竟应该怎么做这个最关键的问题还没有给予解答。

第一节　从源头重建企业经营模式

在全球经济从增量模式转向存量模式、客户体验管理变得越来越重要的大背景下，中国企业的经营模式也相应发生了巨大变化。

一、企业经营重心从产品到客户，再到体验

产品时代

20世纪80年代初期，中国刚刚走出"文革"，百废待兴，人民生活物资相当匮乏，这是一个产品的时代。在这个供不应求的时代，只要能生产出可用的产品，就几乎一定能销售出去。在这个年代，诞生了很多企业，有的昙花一现，有的基业长青，但它们的发家史基本上大同小异——都是创始人在条件非常简陋的工坊里生产出消费者迫切需要的产品，成功完成了原始积累。例如，娃哈哈的宗庆后蹬着三轮车去推销娃哈哈优酸乳，传化集团的老板在自己家的一口大缸里亲自搅拌调配出了国人刚刚认识的沐浴香皂——

几年前,他骑着去推销产品的大梁自行车还陈列在公司历史博物馆里,而在湖北武汉则诞生了生产舒蕾洗发水的丝宝集团,成为了当地的支柱企业之一。

我们不去争辩这些创业故事的真假,但可以肯定的是,在这个产品为王的时代,企业最关心的就是产品的销售,是交易的达成。宗庆后建立了庞大的经销商网络,在利益和人格的双重驱动下,经销商们对宗庆后忠心耿耿,奠定了娃哈哈商业版图的基础。而丝宝集团则创造性地发明了店内促销员这一做法,在终端渠道成功对宝洁和联合利华发动了一场有效的阻击战、拦截战,以出乎意料的速度占领了市场。

在这个时代,成功者拥有一个共性,那就是这些企业的领导者都是营销高手,善于建立分销体系,只要能生产出产品并卖出去,就能占领市场。

在金融行业,这种情况有过之而无不及。以银行为例,在很长时间里,银行都只有账户的概念,也就是一个客户即使是在同一家银行办了不同的业务,但这些业务之间是不打通的,所以同一个客户,在同一家银行可以同时拥有若干张活期储蓄存单、若干张定期储蓄存单(因为有不同的期限的存款,例如半年期、一年期、三年期)。后来存单变成了银行卡,可银行卡之间仍然是不打通的。银行关心的只是如何吸储放贷、如何完成交易,并不关心客户是谁、和银行在哪些方面建立了联系——在银行的眼里,只有割裂的交易账户。

客户时代

随着竞争日益激烈,企业越来越意识到将同一个客户割裂成不同的交易账户,不利于企业向客户提供完整的服务并最大化企业收益——我们需要的是客户生命价值的最大化,而不是每一单生意的最大化。

在这种背景下,诸多服务企业开始推出会员卡或积分制度,目的是提高客户黏性,充分挖掘客户的综合价值。而在金融行业,最具划时代革命意义的是招商银行推出的一卡通业务。这可能是中国历史上第一次银行站在"客户"的角度,而不是"产品账户"的角度来看待自己的业务。随着一卡通的出现,综合账单也随之出现了——银行及其客户都第一次看到了整体的自己:通过综合账单,银行知道客户在自己这里一共开设了几个账户、办理了几种业务,第一次知道客户存放在自己这里的 AUM(代管理资产)总额是多少,第一次通过量化的方法计算每一位客户对银行的价值贡献;而对消费者来说,他们通过综合账单,第一次拥有了通盘管理银行资产的能力,他们知道自己在这家银行存了多少钱、贷了多少钱,再也不会搞不清楚自己的资产状况了。

一卡通无论是对银行,还是对客户,都是一个双赢的解决方案。而招商银行也借着一卡通业务[1],快速奠定了其在零售银行业务的江湖地位,至今无人撼动。

在客户时代,客户细分成为企业必备的技能——企业必须知道自己的客户长成什么样、他们有哪些独特的需求需要得到满足?伴随而来的是新产品创新——既然我们已经知道客户有不同的分群、不同的分群有不同的需求,那么很自然地,我们就必须针对不同的客群推出不同的产品和服务以满足他们的需求。

---

① 招商银行一卡通金卡可在境内外通用,具有综合理财功能的银行卡。一卡通金卡集定活期、多储种、多币种、多功能于一卡,除可在招商银行网点、自助银行、电话银行、网上银行、手机银行以及掌上银行进行综合理财服务外,同时可在境内外贴有"银联""VISA"或"MasterCard"标识的特约商户刷卡消费、自动柜员机提取现金。

整个市场就在越来越精细的客户细分和产品创新中日益分化——信用卡和保险公司都设计出了数以千计的产品，即使是快消行业，也动辄拥有成千上百的 SKU。极大丰富的产品很快就让客户时代到达了自己的边界。当所有产品都唾手可得，替换成本也微乎其微时，几乎所有领域都变成了红海。通过产品创新满足细分客户的需求已经不能给企业带来真正的竞争优势。

体验时代

产品时代使市场上供应的产品变得极大丰富、客户时代使客户细分趋于极限——前几年风靡一时的《长尾理论》（*The Long Tail*）一书其实就反映了这一情况。该书作者克里斯·安德森（Chris Anderson）根据在线音乐公司的顾客消费数据建立了一条需求曲线，发现即使是排名第 10 万名的歌曲，其月下载量仍然有千位数。这条需求曲线可以一直延伸，哪怕在曲线的末端，曲目的月下载量只有 3～5 次，但仍然没有降到零点。

其实不仅是在线音乐行业，其他行业也同样如此。

客观上无限的选择使消费者拥有了前所未有的选择主权，因此企业必须找到新方法使自己的产品和服务吸引足够多的客户。

在产品时代，企业管理的重心与竞争力都在于生产与销售——生产是否规范高效，决定了企业的供应能力，销售是否高效，决定了企业的周转速度，供应能力越强、周转速度越快，企业的成本就越低、收益就越高。所以，在产品时代，企业管理的关键点是供应链、生产线、分销体系。

到了客户时代，企业的竞争优势来自于对客户需求的认识能力和影响能力——谁认识得透彻、掌握得准确，谁就能获得客户的青睐。在客户时代，企业管理的关键点是客户细分、产品创新和品牌宣传。

在这个阶段,诞生了各种各样的客户细分理论和技术,如多维多变量(Multi-Domain)、从荣格集体无意识理论演化而来的心理原型技术(psychological prototype)、场景需求(Occasion-based Need)等等,并逐渐发展出专门的 STP 模型(Segmentation-Targeting-Positioning)。每家企业都对此充满狂热,相信只要自己做出了一个高超美妙、独一无二的客户细分模型,找到了其他人都不曾找到的某个细分群体,就必然拥有了无法模仿的优势——就好像淘金者突然间找到了一座金矿一样。在客户细分的基础上,各家研究咨询公司为了迎合企业的需要,又纷纷开发出各式各样的产品创新、品牌资产和广告效果测评解决方案。一时间,如果不懂 STP、不会说 innovation、没做过 copy test,就俨然是落伍了。

客户时代最大的产物就是"大众营销"(mass marketing)。所谓大众营销,就是信奉大数法则,认为只需要将消费者分为若干大群(即客户细分),然后针对不同的大群开发不同的产品、制定不同的价格、投放不同的广告宣传,将消费者吸引(pull)到货架前,最后辅以店内促销完成临门一脚,就完成了一个营销闭环。

但到了体验时代,这些都渐渐过时了。在体验时代,精准、个性化是关键——没有精准到个人的个性化服务,就无法产生体验。在产品极大丰富的时代,消费者对纯粹的产品功能改善已无法产生足够的冲动,面向一大群人所进行的含糊不清、似是而非、指向不明的品牌传播也不再让消费者感动——他们现在需要的是针对自己而不是针对一群人的、一对一的服务与沟通。这就好比我们生活在一个小镇上,这个小镇上所有人都认识彼此,知晓对方的家庭与个人情况。当你走进超市,超市的营业员认识你,会像朋友一样与你打招呼,询问你为什么今天这么晚才来,是不是因为加班?

另外，他还会告诉你最近店里会来一批新货，让你留意。然后你去隔壁的理发店理发，理发店老板仍然记得两周前你刚刚来过，他也记得你儿子很久没来理发了，所以很关心你儿子是不是因为升到了九年级，马上要参加中考所以功课非常忙……

这种一对一的服务与沟通，是一种真正意义上的平等与尊重。正如我们在第一章里所说的，体验的终极是爱与尊重。如果说产品时代是一维空间，客户时代是二维空间，那么体验时代就是三维空间。

在体验时代，企业管理的关键点变成了创造体验、建立感情。在这个时代，一维空间和二维空间的所有产物——产品、服务、员工、网点、渠道、广告……都只是用来创造体验的原材料，这些原材料就好比是一幕话剧、一场演出所用到的剧场、幕布、舞美、灯光、音乐、演员，这些元素组合在一起，唯一的目的就是为客户创造无与伦比的体验。只有体验，才能产生情感；只有情感，才能建立长久的亲密关系。

在产品时代，我们需要的是泰勒管理学、是精益生产、是工程管理专家；在客户时代，我们需要的是人格原型、是认知心理学、是统计分析专家；在体验时代，我们需要的是客户旅程、是行为设计学、是服务设计专家。

二、用双轮驱动取代单轮驱动

第二个大的变化是企业经营必须进入品牌管理与体验管理的双驱时代（图5-1）。

在增量经济时代，市场规模快速扩大，企业最重要的目标是赶上甚至是超过市场的发展速度，因此在这个阶段，获取客户是压倒一切的任务。在这样的背景下，品牌宣传成为企业发展的发动机。

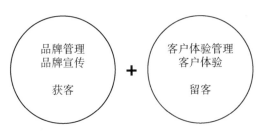

图 5-1　企业经营管理进入品牌与客户体验双驱时代

快消行业是最早将品牌管理规范化和科学化的行业。宝洁作为消费品行业的龙头，早在几十年前就设计出了后来被广泛采用的品牌经理制度。品牌经理就好比一个小小的总经理，对辖下品牌全面负责，既要照看品牌的销售量、销售额，也要照看品牌的利润率。品牌经理要负责品牌的广告宣传，新产品开发、上市、下市，能取得销量的增加和市场份额的扩大是品牌经理的至高荣耀。

其他行业虽然在品牌宣传方面起步比较晚，但是这并不妨碍它们快速模仿和赶超。2005—2006 年间，在中国刚刚加入 WTO 之时，金融行业就开启了品牌宣传时代。金融行业的品牌营销大体上可以划分为两个阶段。

第一个阶段是粗暴地复制快消行业。在 2005—2009 年间，金融行业从快消行业挖了大批的营销人才，一时间在各大金融机构都可以或多或少地遇见来自宝洁或联合利华的市场部人员。在这个阶段，金融机构掀起了广告宣传热潮，各大银行、信用卡纷纷推出各种广告，广告投放金额迅速攀升到一个令人乍舌的水平（图5-2、图5-3）。新进入金融行业的快消精英们还带有强烈的消费品行业的习惯性思维，还没有认识到金融行业的品牌建设与营销

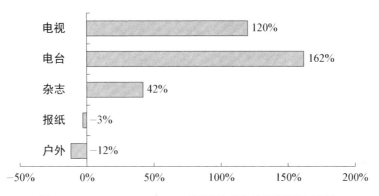

图 5 - 2 2005 VS 2006 年 1—9 月信用卡广告投放媒体增幅状况

注：① 以上数据是以 CTR 市场研究 2005 年监测的媒体范围为统计基准
　　② 广告费以媒体公开报价为统计标准，不含折扣
　　③ 电视监测时段为：17:00—24:00
数据来源：CTR 媒介智讯

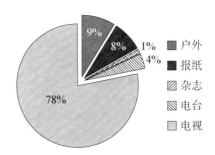

图 5 - 3 2006 年 1—9 月信用卡各媒体广告投放分布

注：① 以上数据是以 CTR 市场研究 2005 年监测的媒体范围为统计基准
　　② 广告费以媒体公开报价为统计标准，不含折扣
　　③ 电视监测时段为 17:00—24:00
数据来源：CTR 媒介智讯

宣传其实与消费品行业有着巨大差异(图 5 - 4)，甚至在最常规的品牌资产或健康度监测上，他们都还没有意识到原来宝洁或联合利华所习惯的那些模型(图 5 - 5)相当程度上并不适用于金融行业。

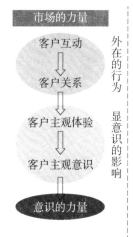

市场的力量

客户互动
⇩
客户关系
⇩
客户主观体验
⇩
客户主观意识
⇩
意识的力量

外在的行为 → 显意识的影响

■ 金融业品牌建立在服务的基础上，而服务是一个生产—消费过程(pro-suming)，金融客户则是生产—消费者(prosumer，即既是消费者，也是生产者)。因此，客户关系(relationship)必须纳入品牌研究，而不像普通消费品的品牌形象树立更多地是由大众广告驱动。目前市场上许多品牌研究模型都是以消费品广告研究为基础和核心，未经调整，未必适用于金融行业。

■ 客户关系是由诸多因子构成的(例如产品、服务、渠道、价格或收费、客户经理等等)。客户关系基于金融业与客户间的互动(interaction)，因此是一种主观体验(experience)。而体验则与客户的主观意识(mind)有关。

■ 因此，在金融行业进行品牌研究应反映金融业的行业本质。

图 5 - 4　服务行业和制造业在品牌建立上的差异

注：①服务行业以金融服务行业为典型
　　②制造业以快消品为代表

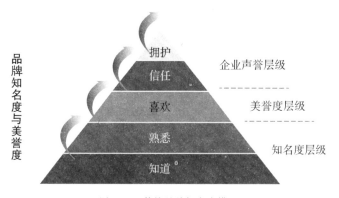

品牌知名度与美誉度

拥护
信任
喜欢
熟悉
知道

企业声誉层级
- - - - - - - -
美誉度层级
- - - - - - - -
知名度层级

图 5 - 5　传统品牌知名度模型

　　随着时间的推移，金融行业的品牌宣传逐渐变得越来越成熟，例如，在技术层面开始采用更能反映金融行业本质的传播方式和监测模型。在管理层面开始成立统一的品牌部，较大的金融集团甚至建立了全集团的品牌管理委员会，协调全集团各部门与品牌宣传相关的工作。

无论是哪个阶段，其根本目的都是为了跑马圈地、获取客户。

随着增量经济转向存量经济，获客成本越来越高。例如，信用卡的获客成本可能从最早的人均几十元提高到了人均数百元。同时，很多企业日益逼近自己的规模边界。据说平安集团作为中国最大最成功的综合金融集团，其客户规模已经好几年没有实现根本性的突破。

越来越多的企业认识到，留客将成为和获客一样，甚至是更重要的工作。唯有把客户一直保留在自己手里，企业才有可能持续经营、才可以持续获取价值。

在这样的背景下，我们看到越来越多的企业成立了客户体验管理部门，例如平安在 2014 年就在集团层面成立了专门的客户体验管理部，全面掌管客户体验的监测、改善与创新。之后又在这个基础上，成立了全集团的客户体验管理委员会，与品牌管理委员会平行，由集团领导亲自挂帅领导。

至此，体验管理升级为和品牌管理一样重要的战略职能。

第二节　铺好通往超级体验的数智化公路

现今社会是一个高度数字化和智能化的社会，仅在中国，伴随着互联网长大的千禧一代就已经超过了 4 亿人。这些变化反映到企业的运营管理上，则催生了三个趋势（图 5-6）。

第一个趋势是万物上线。所谓万物上线，意味着客户所有的行为和互动都要上线。只有万物上线，才能留下我们所需要的数据，而这些数据将构成企业日后服务自动化和智能化的基础。

站在企业自身的视角，这个日益数字化的过程包括了两个小

万物上线
· 客户所有行为与互动都要上线

· 数字痕迹
· 服务自动化智能化的基础

数据互联
· 客户的所有数据都要打通
· 行为数据、态度数据、情绪和体验数据

· 精准识别每一个客户
· 洞察客户需求和情绪，发展客户关系
· 建立客户信任

智能化
· 在正确的场景，通过正确的渠道引导客户做出正确的产品和服务选择

· 实现客户生命周期互动
· 精准的交叉销售，向上销售，持续销售
· 获取新客

企业洞见大脑
· 面向客户信息流和数据流的前台
· 面向客户价值经营的中台
· 面向数据化决策的后台

图 5 - 6 数智化运营的三个趋势

84 超级体验

阶段。第一个阶段是渠道的在线化和数字化。这个阶段的最主要特点就是企业将销售渠道迁移到线上，以适应新一代消费者的需求和习惯，例如各大消费品厂商纷纷在天猫或京东上开设旗舰店，而财大气粗的金融机构则直接搭建自己的电商平台，像中国建设银行的善融商城、招商银行的掌上生活，以及太平洋保险的太保在线。

第二个阶段是业务流程的在线化和数字化。随着越来越多的消费行为迁移到线上，企业开始将在线化和数字化的重心从销售渠道转向业务流程，例如餐饮行业越来越多地使用微信点单、扫码收银，在保险行业则可以看到越来越多的企业使用移动展业平台和在线理赔系统，等等。

当一切都在线化和数字化之后，消费者与企业之间的所有互动就会留下数字痕迹，这些数字痕迹就是数据，而这些数据将构成企业一切经营活动的基础。

当数据越积越多，很自然地就发生了第二个趋势——数据互联。数据互联既发生在企业内部，也发生在企业外部，产业互联网和物联网也许是目前已知范围内数据互联的最高级形式。撇开产业互联网和物联网不谈，随着在线化和数字化的发展，仅仅是企业内部的数据，就已经多到无法想象。在我所服务过的某个企业，据说各种各样的系统多达3000多个，每天收集和处理的数据并不比普通的互联网企业少，甚至有过之而无不及。

当以万物上线为特征的数字化进程逐渐深入，企业开始认识到必须将各种数据互相连接，以使之充分发挥价值。因此，我们也可以将数据互联视为企业数据化进程的开始，而万物上线则是数字化进程的开始。

数据互联的根本目的是为了更加深入更加敏捷地了解每一位

客户，实时洞察客户的需求和情绪，以便更精准、更高效地发展客户关系、建立客户信任。

当数字化和数据化基本完成后，则迎来了第三个趋势——智能化。基于海量数据，企业可以通过数据挖掘、人工智能、预测建模、NLP、区块链、云计算等各种基础技术对数据加以应用，为客户提供高度个性化的综合服务，最终实现交叉销售、向上销售，最大化客户终身价值。

智能化的终极目标，是使所有的客户经营和价值挖掘活动都变得自动化，并且精准化——即在正确的时间、地点，以正确的价格，向正确的客户推荐和销售正确的产品，要像人类一样做到心到眼到、眼到手到。

换言之，运营的数智化是打造超级体验的基础。离开数字化和智能化的基础设施，超级体验只能是空中楼阁，是无法落地的空想而已。

第三节　把超级体验变成超级生产力的三大利器

数字化、数据化、智能化构成了现今社会的主旋律。一个日益数智化的环境，需要同样数智化的体验管理。数智化体验管理需要满足三个条件——体系化、科技化和数据化。

一、体系化——盖房子，而不是堆石子

客户体验管理是一个日益增长的领域，也是一个企业越来越愿意投入资源和花费预算的课题。根据美国一家专注于市场研究领域的研究咨询公司 Quirks 的报告，从 2012 年开始，全球客户体

验管理(CEM)有关的投入从约 20 亿美元逐年增长到 2017 年的 66 亿美元,年均增长约 20％。

但令人遗憾的是,坊间很少听到特别成功的相关案例。我看到过很多企业年复一年地做着满意度调研,但一个极为普遍的现象是:第一年,大家都很兴奋,感觉自己为改善客户体验迈出了跨时代的一步;第二年,大家觉得好像没有什么新发现也没有什么新意;第三年,大家开始为数据的波动操碎了心,无论是调研公司还是企业自身,都把注意力放在了数据的稳定性和一致性上,因为第三年的情况可能完全不符合前两年的所谓趋势;第四年,大家都开始质疑调研的科学性,围绕着抽样的代表性、数据的准确性产生越来越多的问题和争论;第五年,满意度调研报告开始被大家束之高阁——如果项目够幸运,这么多年还活着的话。

这种情况的发生,一方面和满意度调研本身有关,另一方面和缺乏系统性规划有关,也就是说,企业误以为执行若干孤立的调研项目就能解决全部的体验管理问题。

满意度调研本身的局限性前文已有所阐释,在此不再赘述。而缺乏必要的体系是导致绝大多数企业失败的根本原因。

关于体验管理的体系性,也存在若干误区。最大的误区是以为一年多做几次调研,或者多做几种不同的调研就是建立体系。有的企业每半年,甚至每季度开展一次满意度调研,建立起一个所谓的客户体验追踪体系。有的企业在满意度调研之外,还开展其他调研,例如早年很常见的神秘客调查和后来比较常见的舆情监测。

曾经有不止一家银行,引进过美国银行的所谓 VOC 体系,即 Voice of Customer,中文翻译成"客户之声"。这个庞大且花费颇巨的 VOC 体系,通常会包括三类调研:全行 VOC 晴雨表、专项

VOC、全行神秘客调查。所谓晴雨表,就是对全行的各类客户体验进行一次全面排摸,例如某家银行共有 38 家分行、9 类客户(包括借记卡、信用卡、储蓄、理财、贷款等)、6 类渠道(网点、电子银行、客户经理等),晴雨表项目对此逐一进行抽样和调研,以期获得一个全面的认识。所谓专项 VOC,其实就是有特定主题的传统调研,例如银行保险业务和联名信用卡的客户调研。至于神秘客,就是依据一些事先制定好的标准,通过明查暗访对各个渠道的硬件、人员表现进行打分评估。

但事实上这并不是一个有机的体系,而是不同类型的调研的简单堆砌。项目和项目之间缺乏必要的关联,数据也没有打通。更重要的是,所有的调查发现最后只停留在 PPT 报告阶段,没有管理闭环。如此庞大的体系,可能往往只由某一个小部门,甚至一个很小的团队负责,没有最高层领导的介入,也没有必要的制度保障、组织保障和资源保障。

我曾经见过一个最可惜的例子。那是某家金融机构,在公司内部成立了一个专门的客户之声管理部门,委派了非常有能力的领导,抽调了诸多精兵强将。一开始大家干得风风火火,启动了前面提到的各种调研项目,人员被分到不同的项目组,聘请了好几家业内最好的调研公司。但随着时间的推移,由于始终不能产生明显的效益,不仅全行上下对所谓的 VOC 日趋疲态,而且还遭致许多批评,例如只能指出问题不能解决问题、只管花钱不管创造价值,等等。随着这样的批评越来越多,这个部门渐渐被边缘化,预算越来越少,与优秀人才、机构合作的机会也越来越少。

在这个例子里,有专门的负责部门,也有足够的人才,一开始也有充裕的资源和预算,看上去具备了全部的条件,但最终仍然趋于失败,是因为这里的制度保障、组织保障和资源保障其实是一个假象。为什么这么讲？因为所有的这些保障，其实只指向一件事情——确保各个调研项目的顺利完成。

换言之，这个部门虽然拥有了各种各样的人才和资源，但它的定位——也许当时大家都没有意识到，只不过是一个项目管理办公室（PMO），它真正承担的功能并不是提升整个企业的客户体验，而是协调和管理匆忙之中上马的各种调研项目。即使是称之为市场研究部，恐怕也比称之为体验管理部更为准确——它有一把好枪，可惜打错了靶子。这是一种最可怕的"伪体系化"，因为这种"伪体系化"会极大地挫伤，甚至是摧毁企业上下对客户体验管理的信心，会使他们认定客户体验管理是一件只浪费钱和时间，却不能产生价值的事情。

真正的体系化，从高到低，包括几个要素（图 5-7）：

从执行单个的满意度调研项目到建立完整的客户体验管理体系

| 单个满意度调研项目 | 完整的客户体验管理体系 |

单个满意度调研项目　　　　　完整的客户体验管理体系

项目设计缺乏体系　　　　　　　终极产品经理
对结果的应用没有　　　　　能落地的组织框架
制度和组织保障　　　基于科技和大数据的体验管理系统
　　　　　　　　　必要的项目管理和数据分析能力
　　　　　　　　　　成果转化与落地推进机制

图 5-7　客户体验管理体系化五要素

- 终极产品经理；
- 能落地的组织架构；
- 基于科技和大数据的体验管理系统；
- 必要的项目管理和数据分析能力；
- 成果转化与落地推进机制。

终极产品需要终极产品经理

既然称为体系,就不是单体的系统、工具或项目。可称为体系的东西,就是整个公司都要重视的东西。因此,将体系背后的逻辑梳理清楚至关重要——客户体验管理体系是为创造良好客户体验服务的,而良好客户体验是整个公司的产出物。既然良好体验是整个公司的产出物,那么如果我们把"良好客户体验"看作一款全公司努力交付的产品,那么这款产品的产品经理只能是公司的最高领导——也即 CEO。比如前面提到的平安集团(以下简称"平安"),其定位是"专业让生活更简单",这是整个平安集团要交付给8000 万客户的体验产品,那么这个产品经理只能是平安集团的最高领导人马明哲先生。而事实上平安也正是这么做的。我们可以看到平安在整个集团层面成立了两个委员会:一个品牌管理委员会,一个体验管理委员会。前者负责协调全集团与品牌管理相关的各项工作,而后者则协调全集团与客户体验管理相关的各项工作,而据说马总也会亲自过问两个委员会的具体工作。

我们通过上面的梳理和平安的例子说明了一个道理,那就是客户体验管理体系的搭建绝对不能离开公司最高领导的参与。公司最高领导可以通过不同的方式参与公司体验产品的设计、开发与管理,例如平安成立两大委员会,但公司领导必须明白,虽然很多工作可以授权给他人,但自己才是那个被称为"客户体验"的终极产品当仁不让的产品经理。

很多商业故事一而再再而三地证明了这一点。远到 20 世纪90 年代带领 IBM 走出困境的郭士纳,近到重塑了日产汽车的戈恩,再到阿里巴巴的马云、腾讯的马化腾和华为的任正非,但凡能取得成功的企业,都有一个伟大的"产品经理"——这个产品经理亲自深入细节，设计和开发出公司最独一无二的"终极产品"——客户体验！其他任何有形的产品——IBM的主机、日产的汽车、阿里的电商平台、腾讯的微信、华为的交换机，都可以被模仿、被山寨，但客户体验这个终极产品，却无法被模仿。

设计能落地的组织架构

组织架构1.0——让头能管得到脚

客户体验管理体系的第二个要素是专门的管理部门。这是一个执行部门，是连接终极产品经理（公司CEO）和其他要素之间的桥梁。这个承上启下的执行部门直接关系到终极产品经理的意图能否得到贯彻和执行，因此在组织架构中究竟如何安放极其关键。

前面提到的那些失败案例，既有"终极产品经理"缺位的问题，也有组织架构设计的问题。例如，前面提到的那家金融机构，虽然专门成立了客户之声管理部门，但这个部门就好像是在原有的组织架构外生长的旁生植物，既没有自己的根系，也没有和整个组织结构有机地融为一体。在很多年里，这个部门就像一个游离在其他部门之外的小行星，时不时射出一束光，照出其他部门的问题，但却从来没有亲自参与过任何改善工作，更遑论主导了。

迄今为止，我们看过的最成功的做法仍然来自平安。平安首先在集团层面成立了专门的客户体验管理部，全面负责集团内与体验管理相关的工作。集团客户体验管理部从NPS调研开始入手，但并没有停滞于此，而是在组织架构的设计上做了很多工作，推动在每家专业公司以及每家专业公司下辖的各分支机构专门设立了客户体验管理岗。这样的结果使客户体验管理不再是悬浮于集团的工作，而是扎到了每个层级、每个业务单位内部，成为了每家公司、每个机构的日常工作之一。

第二个关键举措是将 NPS 纳入每家专业公司负责人的 KPI。前面我们说过,客户体验应该是一家企业最高领导所负责的终极产品。通过 KPI,使每家子公司的 CEO 在目标上与集团 CEO 保持一致。除了 KPI,集团还举行客户体验 PK 赛,通过各种激励方式引起大家对客户体验的重视、调动大家参与的积极性。

KPI 统一了大家的目标,下沉到每一级单位的客户体验管理岗则纵向打通了组织内部的气脉,统一了大家的步伐。

组织架构 2.0——从产品经理到体验产品经理

未来,客户体验管理有关的组织架构有可能发生更为剧烈的变动,而这些变动甚至有可能进一步颠覆整个传统的企业组织架构。

其实只要静下心来仔细想一想,我们就会发现,即使是体验管理成功如平安,它的组织架构仍然隐约带着工业时代的色彩——集团 CEO 在最上面,下面纵向的是众多子公司的 CEO,横向的有一些职能部门,比如品牌宣传部、客户体验管理部。纵向的单位是盈利部门,里面也许又根据产品细分为不同的业务线,比如银行有零售银行、信用卡、对公业务,零售银行下面可能又划分出专门的私人银行部,而在对公业务底下可能有贷款业务或普惠金融业务。客户体验管理部本身并不负责客户体验的设计与交付,对集团 CEO 而言,它像是幕僚单位;对子公司而言,它像是监察部门,或者说是咨询服务部门。

但是未来也许整个公司的组织架构不再是按照产品条线来组织,而是按照"体验"来组织——在那个时候,"体验"成为了终极产品,所有的产品、网点、工作人员、渠道、设备等等都只是制造"体验"这个终极产品的配料。比如,现在餐馆的菜单基本是按照食材的种类或菜系来组织的——冷菜、海鲜水产、牛羊肉、蔬菜,或者湖南菜、四川菜、粤菜、本帮菜……但也许有一天,餐馆会提供一份我们从未见过的新菜单,在这个菜单上,我们看到的是"愉悦系列""惊悚系列""趣味系列""浪漫系列""亲情系列"……而这些不同的系列是由不同的体验产品经理负责的。

事实上,我们已经开始看到了一点点端倪。即使是在金融行业,我们也发现有越来越多的企业在招聘首席体验官(CXO)和客户旅程经理(Customer Journey Manager)。首席体验官和客户旅程经理负责从客户体验的视角出发,设计独一无二的客户旅程,向客户提供独特的体验(图 5 - 8)。未来,也许客户旅程、客户体验会成为一种全新的交付物,而不再是一张基于塑料介质的银行卡或者一张打印出来的理财合同。

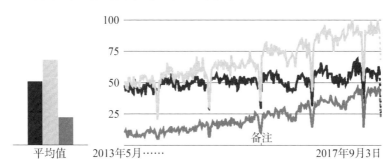

● 用户体验(UX) ● 客户体验(CX) ● 客户旅程(CJ)

· 近五年热度均值:CX(客户体验) > UX(用户体验) > CJ(客户旅程)
· 当下节点的热度:CX(客户体验) > UX(用户体验)=CJ(客户旅程)
· 近五年搜索趋势:CX(客户体验)、CJ(客户旅程)关注度持续迅速上升,UX(用户体验)基本持平

图 5 - 8 客户体验、客户旅程和用户体验搜索量趋势对比图

转引自:《用户体验实践与趋势思考》,中国电信广州研究院,刘胜强

基于科技和大数据的体验管理系统

平安做的另一件正确的事情是在很短的时间里就搭建了客户体验实时监测系统,在平安内部称为触点 NPS。这个系统每年触发几亿次实时调研,收集超过 1200 万名客户的反馈。通过这个系统,平安得以在第一时间就识别不满意的客户并迅速加以干预,避免负面口碑,挽回潜在流失。这个系统使客户体验管理无论是在集团层面,还是在子公司或者机构层面,都拥有了一个强有力的管理抓手,得以实现精准到每笔业务、每位客户、每个员工的穿透式管理。

客户体验实时监测系统有效地规避了传统满意度调研无法落地、无法直接产生效益的问题,使客户体验管理摆脱了传统调研的缺陷,而转型成为真正意义上的企业管理。这是客户体验管理体系化的第三个要素。

一个再粗糙的自动化系统,其作用之大都超过几百页的调研报告和无数的内部红头文件。调研报告无法落地已无需赘言——曾经有客户抱怨花费了 300 万元,最后得到的只是 300 页 PPT,页均 1 万元,可没有产生任何价值。而红头文件之无效,其实也不需要过多展开来讲。如果没有实实在在的约束,没有人会因为一页纸而自觉改变自己的行为。可是一个再粗糙的客户体验实时监测系统,都能让公司领导看到每天和自己发生互动的客户当中,有多少是带着不满意的情绪离开的,有多少因为这次不满意而不再回头,又有多少因为及时的干预而转为满意,一年下来总共挽回了多少损失。而在一线服务客户的员工,也因为这个系统的存在而知道今天自己服务的所有客户当中,有多少人对自己不满意、不满意的原因是什么、对公司和对自己可能的危害是什么。

这个系统实实在在地改变了所有人的行为。如果没有这个系统,那么任何关于组织建设、文化变革的讨论和宣导都是空谈,光靠嘴不能够改变行为,更不能改变文化。

必要的能力——项目管理与数据分析

有了对客户体验负终极责任的产品经理、有效的组织结构和管理工具,一个能正常运行的客户体验管理体系还需要具备一些必要的能力。我们的经验表明,使客户体验管理体系正常运行必须具备两种基本能力:第一种是项目管理的能力,第二种是数据分析与洞察客户的能力。

项目管理能力比较容易理解。因为客户体验管理体系的运行必然会涉及各种各样的项目,从调研项目到系统开发项目、从理念宣导到制度管理……各种具体的推动工作要求客户体验管理部门具备强大的项目管理与协调能力。

数据分析能力则有点让人费解——为什么做客户体验管理需要强大的数据分析能力?这个和客户体验管理有何关系?其实原因很简单。客户体验管理,管理的是客户之体验,因此,如果客户体验管理部门没有能力洞察客户的需求,那么就不可能做出正确的判断,给予正确的指导和方向。

在今天这样的时代,洞察能力不再是拍脑袋、拼直觉,而是要建立在扎实的数据分析基础之上。不懂得如何收集、处理和分析数据,是不可能做好客户体验管理工作的。

我们观察到,凡是客户体验管理取得成功的企业,都具备以上这两种能力。项目管理能力决定了工作的效率、调动资源的广度和深度,数据分析能力决定了工作的方向、客户洞察的广度和深度。两者缺一不可。数据分析能力好比军队里的参谋部,负责收集和分析情报;项目管理能力好比一线作战部队,在前面攻城拔寨。

仅有项目管理和内部协调能力,则可能会失之于浅显——有外交手段,但没有干货,随着工作的推进,会渐渐遇到不够专业、无法引领业务部门的问题;仅有数据分析能力,则可能会失之于机械——有洞察,够专业,但无法调动资源,无法形成星星之火可以燎原之势。

客户体验管理部门内部可以建立两个二级部门,分别负责上述两项工作,但部门负责人则最好同时具备两种能力。

成果转化与落地推进机制

客户体验管理永远是一个闭环——测量、改进、落地,循环往复,永不停歇(图 5 - 9)。当终极产品经理、组织架构、系统、能力都具备之后,剩下的就是确保这个循环不会停滞。在本书第一章里也提到,客户体验不是静止不动而是不断变化的,因此,任何企业在任何时候都要确保自己提供的体验是与时俱进的、是客户所需要的。

图 5 - 9　客户体验管理闭环图

成果转化与落地机制是万里长征的最后一公里。要走完这最后一公里,同样离不开制度、系统和能力。

所谓制度,简单理解就是将客户体验改善纳入相应管理者的KPI(图 5 - 10)。这个 KPI 可以是强制性的,也可以是观察性的,或者是围栏性的,但只要是 KPI,就能创造出制度的力量,统一大家的目标和行为。

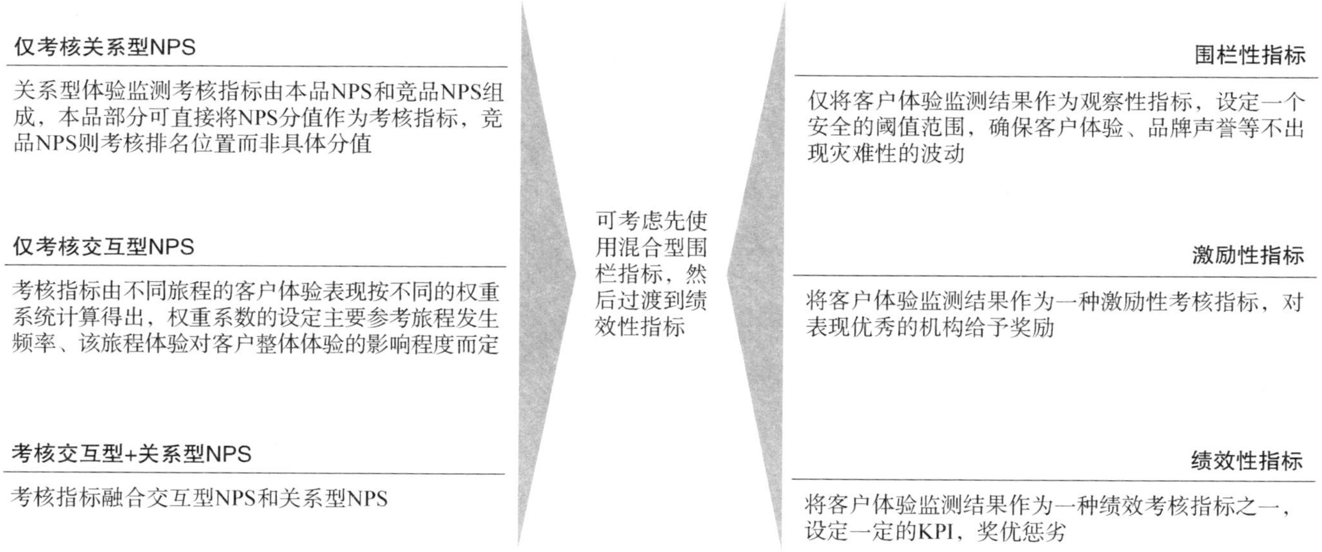

围栏性指标

仅将客户体验监测结果作为观察性指标，设定一个安全型的阈值范围，确保客户体验、品牌声誉等等不出现灾难性的波动

激励性指标

将客户体验监测结果作为一种激励性考核指标，对表现优秀的机构给予奖励

绩效性指标

将客户体验监测结果作为一种绩效考核指标之一，设定一定的KPI，奖优惩劣

可考虑先使用混合型围栏型指标，然后过渡到绩效性指标

仅考核关系型NPS

关系型体验监测考核指标由本品NPS和竞品NPS组成，本品部分可直接将NPS分值作为考核指标，竞品NPS则考核排名位置而非具体分值

仅考核交互型NPS

考核指标由不同旅程的客户体验表现按不同的权重系数计算得出，权重系数的设定主要参考旅程发生频率、该旅程体验对客户整体体验的影响程度而定

考核交互型+关系型NPS

考核指标融合交互型NPS和关系型NPS

图 5 - 10　客户体验 KPI 设计

所谓系统,就是通过自动化系统来追踪、监督、跟进、预警每一项与体验改善相关的工作。每个人的工作进展都在系统(图5-11)中流转、展现,从而确保客户体验改善相关的工作被切实执行完成,不会出现人浮于事、人为延误和走样等问题。

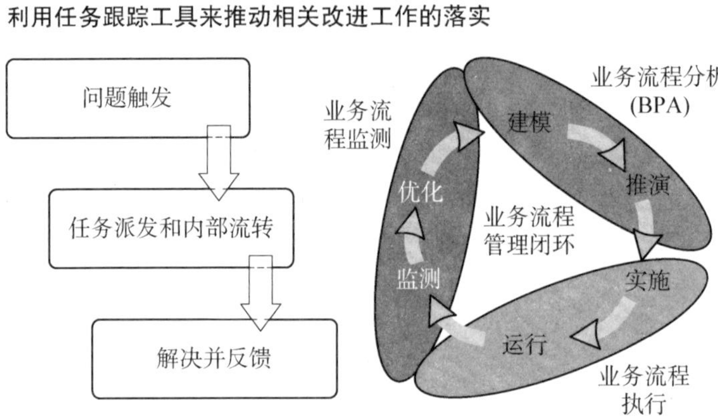

利用任务跟踪工具来推动相关改进工作的落实

图5-11 任务追踪管理系统示意图

所谓能力,则是前文所说的项目管理和数据分析两种能力。企业需要招聘具备相关能力的员工组成体验改善项目组,或者通过持续的培训提高员工的各方面能力。

概而言之,客户体验管理并不是一件可以通过简单喊几句口号、张贴几张海报标语就能解决的问题。它是一个庞大而复杂的体系,需要高层的"终极"重视、必要的团队、恰当的组织结构、出色的复合能力,还有好用的系统和严格的制度。没有体系化的规划建设,任何客户体验管理的努力都收效甚微,甚至失败。

二、科技化——用信息化系统打造管理抓手

科技化是客户体验管理体系中非常重要的一个部分。离开科

技化,那么无论这个体系设计得多么完美、CEO多么重视、团队多么强大,都有可能回到把单个满意度调研项目和红头文件当作体验管理的老路上去。

科技化1.0——穿透式实时管理

本书第四章提到的客户体验实时监测系统是科技化的1.0(图4-3)。

客户体验实时监测系统本身的原理非常简单,无外乎在生产作业系统当中通过埋点技术针对不同的业务场景或客户触点嵌入相应的小问卷,一旦客户完成这次交互,就及时触发,将这份预先设计好的小问卷通过短信、微信、APP或其他方式推送给客户。如果客户表示不满意,那么不满意的客户名单就会被集中推送到相应的回访团队,由其对这些客户进行回访,了解不满意的原因,并及时做出必要的安抚和挽回。

客户体验实时监测系统的价值在于能让公司领导随时随地了解客户体验的动态。现在稍微有点规模的企业都有MIS系统,领导每天上班第一件事就是查看系统里的各种运营数据,例如销售量、销售额、目标达成率等等。相信不远的未来,公司领导上班第一件事会包括查看客户体验动态。例如,某家拥有约6000万个客户的企业在应用客户体验实时监测系统后,发现每天约有45万个客户在办完业务后感到不满意——每天45万客户不满意,那么一年就会累计产生约1.6亿个不满意的客户(人次),公司总裁对此深感震惊,然后立即要求相关部门将这些客户体验相关的报表以邮件和手机终端的形式向公司高层实时推送。这样的数据及其应用在传统满意度调研时代是无法想象的。

客户体验实时监测系统的第二个价值是能追踪监测每一位员

工的表现,实现穿透式管理,有助于一线员工快速总结最佳实践和最差实践,并将最佳实践在企业内部进行传播,使更多的员工尽快掌握更好的工作方式和服务方式,提升整个公司的服务水平。

第三个价值在于能将不同机构、部门、条线的客户体验得分与其业绩挂钩,进行更为复杂的融合分析,找到业绩或运营情况背后的原因,便于公司迅速根据不同单位的表现调整资源、优化配置,或者进行产品与服务创新。

例如在车险行业,传统上企业会关注接通率、达成率、百产率、交叉率……但我们并不知道这些业绩指标是怎么达成的、和客户体验之间存在怎样的关联。换言之,我们也许能知其然,但无法知其所以然。事实上每一笔业务的达成,都和客户体验有关——体验恶劣的客户大体上是不可能购买一家企业的产品的,但什么样的好体验能促成客户购买呢? 在以前,我们对此一无所知。有了客户体验实时监测系统,我们就有可能通过客户体验指标——如响应速度,产品知识,服务态度,语音语调的专业性,联络的时机、长短、频率,等等,去揭示企业运营指标达成的原因(5-12)。

另一个例子也和车险有关。以往车险企业都知道查勘定损越快越好,但究竟何为快,每个人的看法都不一样。有些企业尝试使用传统满意度调研的方式去回答这个问题,询问有过报案经历的客户,但得到的答案五花八门,完全没有说服力,有希望查勘员几分钟内就能到达现场的,也有说五六十分钟,甚至更长时间都无所谓的。答案的混乱导致保险公司根本无法采取行动——如果听信了"极速派",即希望几分钟内就能到达现场,那么查勘员的数量也许会呈指数型增加,保险公司的运营成本将会高到无法承受。如果听信了"龟速派",即无所谓快慢,那么很有可能会对客户体验造成无法挽回的损害,导致大量客户流失。

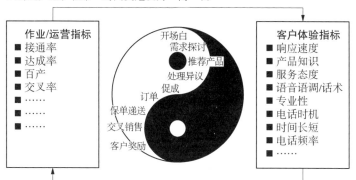

交互型客户体验监测为客户体验管理提供抓手

测量交易触点客户体验可以将客户体验管理嵌入日常运营体系,实时测量作业过程对客户产生的影响,能及时启动挽救措施,避免客户流失和负面口碑的产生,在第一时间变危机为"商"机

作业/运营指标	客户体验指标

作业/运营指标
- 接通率
- 达成率
- 百产
- 交叉率
- ……
- ……
- ……

开场白
需求探讨
推荐产品
处理异议
订单 促成
保单递送
交叉销售
客户奖励

客户体验指标
- 响应速度
- 产品知识
- 服务态度
- 语音语调/话术
- 专业性
- 电话时机
- 时间长短
- 电话频率
- ……

客户体验指标对作业指标形成有力补充,动态解释作业指标的达成原因,两者共同作用使日常运营体系更加完整

图5-12 客户体验指标与作业指标的关系

这个一度成为行业悬案的问题在客户体验实时监测系统出现后,很快就找到了答案。某家车险公司在积累了1400万条关于查勘服务的 NPS 数据后,发现20分钟是一个临界点——当查勘员在20分钟内到达出险现场,78%的客户会选择推荐这家企业,当查勘员在20分钟后到达出险现场,68%的客户会表示不满。于是20分钟成为这家车险企业的"北极星指标"——通过更为智能的工况运算和网格化调度,这家公司最终在绝大多数城市实现了20分钟达到现场的目标,这成为其强有力的差异化优势(图5-13)。

科技化2.0——智能生产力系统

科技化1.0更像是一种防守性行为——企业是为了减少贬损、防止流失而运用体验实时监测系统。这个系统背后潜藏的逻辑是管控、防御。但未来,这种以管控和防御为主要目标的系统将让位于以开放和进取为主要目标的新一代系统,这就是客户体验

查勘员到达现场的时效，20分钟是临界点

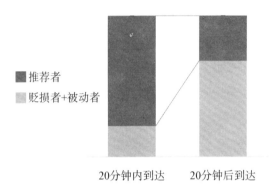

图 5-13　基于 1400 万条报案体验大数据的车险服务创新

管理的科技化 2.0。

在科技化 2.0，一个客户体验管理系统将主要由三个部分组成——数据采集、数据集成、数据应用。

数据采集部分，将改变原来以问卷为主的被动收集客户反馈的方式，而更多地采用主动采集客户信息的方式，例如埋点、生物测量技术（biometrics）等等，全方位地收集客户的行为数据、态度数据、价值观数据、个人数据、家庭数据等等。这些数据将和企业内部的运营数据结合起来，集成为更完整立体的客户视图。基于客户视图，企业将更智能地对客户风险、商机进行管理和预测。

如果说科技化 1.0 只提供了一个数字化的管理抓手，那么科技化 2.0 将成为一个智能化的生产力系统，它不仅仅能起到管控客户体验的作用，更能起到创造价值的作用。

因为科技化 2.0 的出现，传统意义上被看作纯粹成本中心的客户服务部门有可能转变成企业最重要的利润中心。

增量经济模式正在终结。当我开始动笔写作这本书的时候，新冠肺炎疫情才刚刚在武汉发生。虽然对未来有一点点的顾虑，但当时我的心情还是非常乐观的，认为这次疫情可能会在1～2个月内对中国经济造成短暂的影响，但很快就会走出低谷，恢复正常，甚至出现报复性的反弹，就像2003年的SARS一样，中国经济只是走了一个浅浅V型曲线。但到了3月，形势发生了意想不到的变化。国内的疫情基本被控制住了，但国外，尤其是欧盟和美国成为了新的疫情震中，美股在短短十天内发生了4次熔断，美国3月份的失业登记人口几乎在短短一个月里就增加了十几倍，甚至几十倍，达到了328万人。

我们联合中国平安和《理财周刊》进行的疫情影响调研发现，除了在线电商（主要是生鲜电商）、在线会议、在线教育、方便食品等行业被多数消费者看好外，其他行业几乎全部受到了影响。餐饮和旅游业遭到了致命打击，几大寿险巨头业绩下滑40%～80%不等，几乎所有人都在为获客殚精竭虑（图5－14）。在疫情之下，各种营销手段均收效甚微。

在这种情况下，我想不出还有什么比深挖现有客户价值更好的办法。而与现有客户打交道最多最频繁的是客户服务部门，而且未来这种趋势会越来越明显。他们每天都在接触客户，他们了解客户，也有机会去发掘新的商机、创造新的价值。

通过科技化2.0，客户服务部门就有能力去识别每个客户，将客户关系管理推进到一对一的层面，了解并累积每个客户的需求、偏好、态度和体验，然后干预客户体验，智能配置产品和服务支持。到了这个阶段，客户体验管理系统就不再仅仅以测量和干预为主要目的，而进化成了一个生产力系统。因此，如果把科技化1.0定义为客户体验管理，那么科技化2.0则可以定义为客户价值管理。

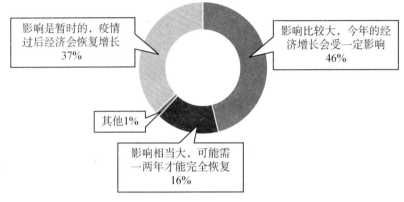

对经济发展趋势的看法

影响是暂时的，疫情
过后经济会恢复增长
37%

影响比较大，今年的经
济增长会受一定影响
46%

其他1%

影响相当大，可能需
一两年才能完全恢复
16%

图 5-14　新冠肺炎疫情后消费者信心指数

资料来源：观山科技疫情公益调研数据

三、数据化——洞晓过去，预见未来

数智化体验管理的第三个条件是数据化。所谓数据化，就是要有能力运用全新的视角、技术对海量的数据进行分析处理。

从"小数据"到"大数据"

从来没有哪个时代像今天这样拥有这么多的数据。随着万物上线、数据互联，每家企业可能都面临着"数据海啸"。前面提到的平安查勘定损案例，涉及 1400 万条数据，而其他我们曾经服务过的企业，每个月仅仅通过客户体验实时监测系统回收的数据可能也会多达几万、几十万条。除了体验实时监测系统，一家企业通过官网、APP、微信公众号、客服热线回收的客户体验相关数据更是数不胜数，仅仅是客服热线，像平安这种量级的企业，一天的呼入呼出话量也许就超过了百万级别。

在以前，我们从来没有见过这么大量的数据。传统的满意度调研通常也就涉及数百、数千个样本量，偶尔有一些特别有钱的企业会收集多达 1 万～2 万个样本量，但和上面提到的数据量级相比，这种以千百计算的数据几乎可以忽略不计。

数据海啸对企业的数据治理能力提出了全新要求——我们必须有新的数据存储技术、新的运算能力，当然还需要新的工具。某个企业曾经委托我们为其开发一个自动化的语义分析平台。之前，当他们还是主要通过传统调研方式收集客户反馈时，遇到开放题，也不过是几百条或几千条数据。这种量级的数据，如果通过人工分析，虽然有点累，也比较花时间，但不是不可完成的任务。问题是，在客户体验实时监测系统上线后，数据量瞬间就达到了几万、几十万，甚至几百万。人工已完全不可能完成这么大量的数据分析，必须通过自动化的系统来实现。

从小数据到大数据，意味着客户体验管理部门必须再造其数据分析能力——来自传统调研行业的研究员也许不再能够胜任这份工作——他们知道定性研究、定量研究，会设计问卷、会管理代理商，但未来的数据分析师可能不仅需要懂得使用各种分析软件和 BI 软件，比如 SPSS、SAS、Python、Power BI，还要懂得机器学习、深度学习、NLP、数据库、JAVA、SQL，甚至还需要会写代码，以更高效地完成数据的抓取、处理、分析和呈现。

从"向后看"到"向前看"

传统的调研和数据分析大抵上是向后看的，也就是说，分析的结果更多是围绕过去做过的事情及其效果，它是一种阶段性的回顾，而不是对未来的预测。比如满意度调研，其结果反映的是过去半年或者一年，甚至更长的时间里，客户对我们的认识和反馈。在传统语境下，大家关心的是过去发生了什么，并不特别关心未来会发生什么，很少有人会问：从你掌握的数据中，能否看到未来的趋势及其启示，以便我们提早做好准备？

但现在这种情况正在发生改变。在一个快速变化的时代，总是回顾过去、总结历史并没有太大的价值，现在大家所需要的是预见未来、提前准备、主动出击。如果说以前是被动的响应模式，那么现在则可称为主动的预备模式；如果说以前我们遵循的原则是"先预备、再瞄准、最后射击"，那现在我们需要的是"预备、射击、瞄准"——以前我们害怕没有瞄准所以可能会脱靶，现在我们知道如果不开火就根本不知道有没有瞄准。

在新的语境下，数据分析的重心逐渐从回顾（review）转向预测（predict）。有一家车险企业每年的客户流失率高达40%。他们花费了很多钱聘请了不同的调研公司对这个问题进行各种各样的调研，比如焦点小组座谈、定量问卷调查。但无论用哪种方法和请哪家调研公司，得到的答案基本千篇一律——客户之所以转换到其他品牌，是因为公司的保费太高、理赔不好，其中最常见的消费者原话是"你们的报价比另一家公司贵了200块"。可事实上，如果我们拿着同样的问题去询问另一家车险企业的客户，我们很有可能发现这家企业的客户之所以流失，也同样是这两个原因。也就是说，无论对哪家企业来说，其客户流失都是出于同样的原因——A公司的客户觉得B公司的价格低、服务好，所以转保了。B公司的客户觉得A公司的价格低、服务好，所以转保了。那么真实的原因究竟是什么呢？

当我们纠缠于到底什么是真正的原因时，我们就会困扰于调研方法的选择——也许这一次我没有找对公司、用对调研方法，最后陷入无解的死循环。这就好像一个人得了癌症,他千方百计要找到自己罹患癌症的原因后才进行治疗一样。可是一个人得癌症,真的需要弄清楚是什么原因导致的吗?也许是因为基因,也许是因为没有良好的作息、健康的饮食、乐观豁达的心情,也许是因为不小心接触了超量辐射。可我们一定要弄清楚这些原因才能开始治疗吗?更为正确的思路难道不是提前做基因筛查和癌细胞筛查,在第一时间预防癌症的发生吗?

所以当他们与我探讨这个问题时,我的建议是:与其纠缠于客户为什么会流失,不如通过某种手段提前预测哪些客户可能会流失,然后针对性地进行干预和挽留。也许预测模型只有60%、70%的准确性,甚至更低,但哪怕只对了一半,对一个拥有3000万名客户的企业来说,挽回的客户也有可能达到600万名,这已经是相当可观的数量。何必苦苦追询客户流失的原因呢?

另外一家寿险公司,拥有8000万名客户。他们每个月通过呼叫中心调研2万名客户,一年后积累了24万个样本的数据。在对数据进行分析时,他们发现在24万个样本中有大约15%的贬损客户,也就是约35000个。如果仅仅看35000这个数字,并没有什么感觉,可是当他们把分母替换成8000万时,这个数字变成了1200万——在8000万名客户中,潜藏着1200万名不满意的客户!

如果要把这1200万名不满意的客户识别出来,沿用传统的调研方法,按照现在的访问速度,大约需要300年时间,至于花费的成本则已失去了计算的必要。我们最终通过统计建模的方法用几周的时间帮这家公司解决了这个问题(图5-15)。

相信在未来,“向前看”的数据分析会越来越普遍,预测技术会成为最重要的体验管理技术之一。如果没有这方面的能力储备,

背景
8000万存量客户
通过NPS系统发现近10%贬损客户

问题
如何用快速低成本的方式在8000万客户中

精准识别近800万贬损客户，并通过客户分类确定干预方案？

预测是否贬损者

预测贬损者分类：TA是谁？TA要什么

图 5 - 15　寿险公司贬损客户预测模型

是不可能实现客户体验管理的数智化转型的。

从手动到自动，从人工到人工智能

海量的数据加上越来越多的预测模型，使数据分析的手动和人工模式日益陷入困境，因为这种模式建立一个预测模型也许需要几周，甚至几个月时间。在一个快速发展变化、随时随地需要敏捷决策的时代，这样的速度是不能被接受的。

我们的一个客户为了应对数据海啸，实现提前预测、主动服务的业务目标，花费巨资在企业内部成立了一个有三十多人的数据挖掘团队。但是这么大的一个团队，据说一年只能完成区区五六个模型，而且多数还无法被直接应用。

这个团队仍然主要依靠人工对数据进行清洗，然后选择建模所需的字段进行尝试，最后将尝试的结果提交给业务部门验收。

通常一个模型的数据清洗就需要花费数周乃至数月,而试建模又需要花费一两周,业务部门验收又需要几周,一个周期走完已经小半年没有了。如果这个模型没有被业务部门接受,那么意味着又要重启一个轮回。如此几次三番,一年下来能真正投入生产的模型少得可怜。

如何使建模的试错成本——包括时间和人力——尽快下降,已经成为一个迫在眉睫的新挑战。正如马云曾说的那样,现在是数据科技时代(Data Technology),数据已成为新时代的石油。未来社会将不可避免地建立在这一新"能源"基础上。在《AI·未来》一书中,李开复先生这样写道:人工智能很快会成为举世公认的下一个GPT,刺激经济生产甚至促进社会组织变革。人工智能革命会达到工业革命的规模,甚至规模会更大,速度会更快。……人工智能会以远超人类的速度和力量执行多种类型的体力和智力任务,大大提升运输、制造、医学等各个方面的生产力。

但是,如果原油无法被更高效地提炼和使用,那么石油也许迄今仍然只是肮脏粘稠的黑色液体而已,不可能在人类社会中扮演如此重要的角色。同样,虽然未来很美好,但如果我们不能找到一种高效的方法使用数据——这个新时代石油,使其尽快被提炼和应用,那么数据也只能是数据,并不能转化成真正的生产力。

围绕着这个问题,第三个数据化趋势就是,越来越多的企业和机构开始尝试使用机器学习来实现自动化建模(图5-16)。

这种基于机器学习算法的模型,能够实现自动验证选择最优算法,持续学习并自动优化迭代。由于数据清洗和训练模型的搭建能做到较高程度的自动化,模型可以做到7×24小时不间断地优化。在之前做过的类似尝试中,我们发现基于机器学习的自动化建模迭代速度较之前的人工方式提高了3～5倍,建模周期也缩

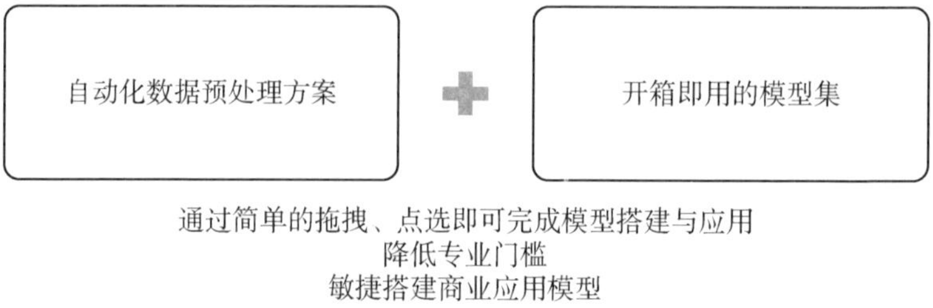

| 自动化数据预处理方案 | | 开箱即用的模型集 |

通过简单的拖拽、点选即可完成模型搭建与应用
降低专业门槛
敏捷搭建商业应用模型

图 5-16 基于机器学习的自动化建模与应用

短了近 60%。

当然,由于各种技术限制,这种自动化建模工具仍存在许多局限性,例如仍然需要按照标准的格式输入数据,具体选择怎样的字段还不能完全实现智能化,仍然要依赖数据科学家或业务人员的经验。同时,由于字段的选择也受不同企业特点的影响,很难规定一套放之四海而皆准的标准。

但无论如何,用自动取代手动、用真正的人工智能部分或全部取代人工,一定是未来最重要的趋势之一。我相信总有一天,我们能做到即使企业里没有建模专家,但只要有这样一个自动建模系统,任何人都能搭建起复杂模型。只有到了这种时刻,我们才能说我们进入了 DT 时代、进入了 AI 时代。

图书在版编目(CIP)数据

超级体验:用数智化体验管理打造超级生产力/张弘著.
—上海:上海三联书店,2020.8
ISBN 978 - 7 - 5426 - 7069 - 4

Ⅰ.①超…　Ⅱ.①张…　Ⅲ.①企业管理－销售管理－研究
Ⅳ.①F274

中国版本图书馆 CIP 数据核字(2020)第 096314 号

超级体验

用数智化体验管理打造超级生产力

著　　者 / 张　弘

责任编辑 / 李　英
装帧设计 / 李　廉
监　　制 / 姚　军
责任校对 / 张大伟　王凌霄

出版发行 / 上海三联书店
　　　　　(200030)中国上海市漕溪北路 331 号 A 座 6 楼
邮购电话 / 021 - 22895540
印　　刷 / 上海新岛印刷有限公司

版　　次 / 2020 年 8 月第 1 版
印　　次 / 2020 年 8 月第 1 次印刷
开　　本 / 640×960　1/16
字　　数 / 100 千字
印　　张 / 8.5
书　　号 / ISBN 978 - 7 - 5426 - 7069 - 4/F·809
定　　价 / 48.00 元

敬启读者,如发现本书有印装质量问题,请与印刷厂联系 021 - 66085336